U0528637

出海战略

中国企业的新蓝海

马旭飞 封小韵 ◎ 著

中信出版集团｜北京

图书在版编目（CIP）数据

出海战略：中国企业的新蓝海 / 马旭飞，封小韵著. -- 北京：中信出版社，2024.10.（2025.2重印）-- ISBN 978-7-5217-6962-3

Ⅰ.F279.23

中国国家版本馆CIP数据核字第202456H3X3号

出海战略——中国企业的新蓝海
著者：马旭飞　封小韵
出版发行：中信出版集团股份有限公司
（北京市朝阳区东三环北路27号嘉铭中心　邮编 100020）
承印者：嘉业印刷（天津）有限公司

开本：880mm×1230mm 1/32　印张：9.75　字数：172千字
版次：2024年10月第1版　印次：2025年2月第3次印刷
书号：ISBN 978-7-5217-6962-3
定价：69.00元

版权所有·侵权必究
如有印刷、装订问题，本公司负责调换。
服务热线：010-84849555
投稿邮箱：author@citicpub.com

推荐语

宋志平　中国上市公司协会会长，中国企业改革与发展研究会首席专家

马旭飞教授，作为全球顶尖商学院的资深教授，对企业全球战略管理有着超过二十年的深入研究。而他的合作伙伴封小韵女士，凭借其在世界一流跨国公司的丰富管理经验，带来了宝贵的实践洞见。他们共同撰写的《出海战略——中国企业的新蓝海》，成功地将前沿理论与实际案例相结合，为中国企业出海提供了全面而深刻的指导。

王方华　上海市管理科学学会名誉理事长

如果说出海思维是全球化背景下中国每一位企业经营者须臾不可离之道，那么这本新书则是帮助中国企业形成出海思维以及制定实施出海战略的行动指南。

杨国安　"杨三角"理论创始人，腾讯集团高级管理顾问

近期与很多企业家交流，他们提到最多的两个关键词：一个是出海，一个是 AI。而经常有企业家在问，有没有一本书可以将两者融合，为出海的中国企业提供一个全新的行动指南？此书就是这样一个大胆的尝试。作者为出海企业开发了一个简单实用的"企业出海战略能力对标工具箱"，提出了 Where、Why、How、When 和 What 五大问题，同时把数字化赋能企业出海贯穿其中。此书的出版，无疑为中国企业启航出海及时地送上"舵""桨""帆"。

陈春花　管理学者，上海创智组织管理数字技术研究院院长

中国企业需要有全球理念，而全球理念的形成需要有全球思维的确立。这本新书融合最新理论与企业实践，其提出的系统框架和工具方法，将有助于中国企业全球思维能力的培养。我推荐这本书给已经出海和有出海计划的中国企业的管理者，阅读此书有助于提升出海企业的发展质量。

忻榕　中欧国际工商学院组织行为学教授，拜耳领导力教席教授、副教务长（欧洲事务）

　　这本关于企业出海的新书亮点颇多，尤其值得关注的是其在总结"全球战略的三大悖论与三大创新"之后，所"创造"的一个全新概念——"Glovidical"，即"全球化新蓝海战略"。希望这本新书能为中国企业家提供一个系统的出海新思维框架，从而让他们更好地掌握全球化经营管理所必备的底层逻辑，并付诸实践。

何志毅　清华大学全球产业研究院首席专家，北京大学光华管理学院教授，中国上市公司协会学术顾问委员会副主任委员

　　在中国企业出海的大背景下，两位作者出版了他们实践与研究的结晶，恰逢其时。此书紧扣经济全球化大趋势，以数字化战略为突破口，对中国企业出海面临的困境与机遇进行了全面梳理与解析。它构建了关于中国企业全球化行动指南的逻辑框架，构建了一套科学的数字化出海评估体系，还在书中用28张数据图表和28个中国企业出海方方面面的案例为读者提供了宝贵的参考与启示。作为长期致力于全球产业研究的学者，我很高兴推荐这本佳作。

张志学　北京大学博雅特聘教授、光华管理学院组织与战略管理学教授

　　此书体现了新锐理论洞察与前卫运营实践的融合。作者总结了中国企业出海的三个阶段，分析了中国企业国际化面临的越来越高的复杂性和难度。在大国竞争和反全球化的背景下，此书萃取了当代国际化企业的领导力胜任模型和基于数字化赋能的国际化实践。作者基于企业国际化战略理论和中国企业的出海策略，提出了"全球化新蓝海战略"，为中国企业的出海战略提供了有益的指南。

宁向东　清华大学经济管理学院教授

　　此书对中国企业在海外扩展业务的历史进行了详细梳理，娓娓道来中颇有画卷感和亲切感。二十年前，当我参与"十一五"规划有关中国企业走出去策略的前期研究时，今天的局面是不敢想象的。相信此书可以让更多的中国企业得到启发。

吴晓波　"蓝狮子"财经图书出版人，巴九灵创始人

　　出海是近几年中国企业家最关注的话题之一，因此，对出海战略的探讨就显得特别有意义。这本书写得真不错，对出海战略的分析具有大局观和历史观。作者构建了一个符合中国企业实践的出海三段论,即中国企业从最初的睁眼看世界、观察潮起潮落,发展到探索徘徊之后的疯狂赶海,再过渡到谨慎出海、更有战略地进行深度全球化。此书的推出可谓恰逢其时,我极力将此书推荐给有志于出海的每一位朋友。

王辉耀　全球化智库(CCG)创始人兼理事长

尽管当前地缘政治环境复杂多变,国际市场竞争日益激烈,中国企业仍积极进行海外布局,并展示了强烈的出海意愿。马旭飞教授理论功底扎实,封小韵女士实践经验丰富,两位作者紧扣时代脉搏,所著新书切实体现出理论联系实践的魅力,并与时俱进地将数字化转型融入企业出海全过程。因此,我相信此书能助力新时代的中国企业制定更优的出海发展战略,实现海外扎根与发展。

徐少春　金蝶集团董事会主席

此书作者不仅有着国际视野,还注重实践研究,书中观点值得想出海的企业学习和实践。作者积极参与中国管理模式研究,我很高兴这方面的成果在此书中呈现出来。比如书中提到的安踏、三一重工、海信等正是中国管理模式调研中的获奖企业。又如中小企业要立志成为隐形冠军,要强化全球化、数字化等，也是我们在与"隐形冠军之父"西蒙教授交流中收获的。很期待这方面的成果能够予力出海企业，成就不凡。

蒋锡培　中国企业联合会、中国企业家协会副会长，远东控股集团有限公司创始人、董事局主席

作者在此书中所提出的企业要在全球范围内建立竞争优势，必须"国内市场和国际市场结合"以及"全面数字化和全面国际化"，这完全符合远东控股集团国际化战略与全球化布局的目标理念和方法实践。作为全球化的智能缆网、智能电池和储能、智慧机场系统服务商，我们已在东盟、欧洲等地设立仓储基地、销售及售后中心，未来也将加大对东南亚市场的拓展力度，这也是马教授所倡导的"全球客户＋当地服务"战略框架的具体体现。因此，如果想一本书就了解出海战略之精髓，此书就是最佳选择。

桂生悦　吉利汽车控股有限公司行政总裁及执行董事

吉利汽车在过去的几十年中，有许多在企业国际化方面的实践，有成功，有失败。随着国际形势进一步复杂化，企业在出海的决策方面有了更多的困惑，此书为解决这些困惑提供了方法论层面的指导，非常实用。作为吉利汽车的行政总裁及执行董事，我会建议我们的高管都认真地读这本书。

周云杰　海尔集团董事局主席、首席执行官

在新型全球化的浪潮中，中国企业正勇敢地扬帆出海。然而，一个普遍的共识是：跨出国门只是出海的第一步，真正融入海外市场，乃至在其中占据一席之地，是一项充满挑战的任务。这本新书总结了海尔集团等成功攀登至全球市场顶峰的中国企业出海经验，并形成了系统的出海战略框架，展现了"出海时代"的历史机会，对许多企业都有借鉴和启发意义。

黄志明　思科全球副总裁、大中华区首席执行官

毋庸置疑，中国企业正以前所未有的规模，在全新的数字化时代探索全球化的道路。此书以数字化战略为核心，结合真实的实战案例，提出了独特的出海经济模型，并构建了包含"国际接轨""安全"等多维度的评估体系。我相信，这本书可以为那些在出海过程中感到迷茫的商界同仁拨云见日，提供宝贵的实战指南，助力企业在全球化浪潮中锚准定位、稳步前行。

肖知兴　领教工坊联合创始人暨学术委员会主席，致极学院创办人，管理学教授

这本新书值得大力推荐，尤其是作者将全球胜任力与中国企业家出海这一具体场景结合，将知识、价值观、态度和技能这四个维度解构到领导力的层面，分别对应倾听即沟通、用户至上的价值观、自我驱动的态度和打造多元高管团队这四个原则。这四个原则可以帮助中国企业家从家长式的管理风格中解脱出来，在一个"平"的世界中，不仅打造出一个成功的出海企业，而且沉淀出自己的出海方法论。

推荐序

中国经济正处于发展新质生产力的换挡期。在内部战略需求和外部环境变化的共同驱动下，中国企业全球化正迈入一个崭新的阶段。关于企业出海的书恰逢其时。然而，出海的书不好写，这是一项极具挑战性的任务，要求作者既要有扎实的理论基础，又要有鲜活的实践经验。

马旭飞教授，作为全球顶尖商学院的资深教授，对企业全球战略管理有着超过 20 年的深入研究。而他的合作伙伴封小韵女士，凭借其在世界一流跨国公司的丰富管理经验，带来了宝贵的实践洞见。他们共同撰写的《出海战略——中国企业的新蓝海》，成功地将前沿理论与实际案例相结合，为中国企业出海提供了全面而深刻的指导。

此书的独特之处在于其"出海三段论"的创新性框架，精准捕捉了中国企业全球化进程的演变。作者将中国企业的全球化进程划分为三个阶段：从1980年到2000年的开放观海，2001年到2017年的疯狂赶海，以及2018年至今的战略出海。这一框架清晰地展现了中国企业从"内向国际化"到"外向国际化"的演进历程，为读者理解中国企业全球化的宏观背景提供了系统的脉络。

在奠定历史背景的基础上，作者引入了一系列关键的出海分析工具，为企业提供了全面的海外市场评估方法论。在对这些工具进行介绍之后，作者自然过渡到了具体的出海策略和实施方法，进一步详细分析了从轻模式（出口和特许经营）到重模式（直接投资）的不同出海方式，并借鉴乌普萨拉模型探讨了出海时机的选择，对比了"渐进式全球化"和"天生全球化"两种路径。

该书特别强调全球胜任力和数字化转型在企业出海过程中的重要性。全球胜任力涉及从倾听到沟通、用户至上的价值观、自我驱动的态度，以及打造具有全球化思维的高管团队。在数字化方面，作者介绍数字化出海模型，探讨数据智能如何推动数字化变现，使企业能够从"看见客户"到深入业务洞察，更有效地连接和理解全球市场。同时，作者也提醒企业在追求数字化带来的机遇时，必须高度重视信息安全，将其视为出海过程中不可逾越的底线。

在探讨具体策略的同时，此书也深入分析全球化背景下企业面临的不确定性和挑战。通过丰富的实际案例，作者生动展示了企业在出海进程中可能遭遇的各种风险，引入了"近岸外包"、"友岸外包"和"回流"等新概念新现象，深入分析企业如何在全球供应链重塑的大背景下调整战略。这些内容既是对出海策略的补充和延伸，也为企业在新的全球化格局中找到定位提供了指导。

此书还特别强调企业合规和ESG（环境、社会和治理）在现代企业管理中的关键地位。ESG不仅关注财务绩效，还从环境、社会和治理的角度衡量企业价值，使企业履行社会责任的实践表现可量化、可比较并可持续改善。这一视角为企业在出海进程中的可持续发展提供了重要指引。在此书的最后，作者提出了"全球化新蓝海战略"（Glovidical）的概念，强调了企业的全球化布局与本地化运作的结合，以及价值创新和颠覆式创新对企业出海战略的启示。

此书通过系统性的分析和丰富的案例研究，从历史演进、理论框架到实践案例，多维度探讨了出海战略的制定与实施。作者巧妙地将中国企业的出海历程与未来展望相结合，不仅梳理了历史脉络，也为读者构建了前瞻性的战略思维。

愿这本书成为中国企业出海的必备参考书，帮助中国企业全球化书写新篇章。

宋志平

中国上市公司协会会长

中国企业改革与发展研究会首席专家

《出海战略——中国企业的新蓝海》自序

在新型全球化的大潮中,中国企业正站在新的起点上,准备扬帆远航。马旭飞教授与合著者封小韵一起,完成了《出海战略——中国企业的新蓝海》的写作,试图为中国企业家提供一份出海的指南。

两位作者在学术和职业生涯中亲历了本书所述的出海三个阶段,见证着中国企业全球化的潮起潮落。

首先,马旭飞教授的职业发展,与许多企业家和高管朋友一样,始于对知识的渴望和对世界的好奇。在给EMBA学生上课时,其总是这样介绍自己:

马旭飞教授,
旅港深秦人。
学兴庆湖畔,

入央企总部。
驻京沪二都,
走神州百市。
留学加南洋,
博士毕返港。
喜全球战略,
爱创新创业。
知博文约礼,
行敬业乐群。
信厚德载物,
念饮水思源。

这首打油诗绘出了马旭飞教授的求学和职业轨迹。

邓公视察南方讲话前一年,马旭飞入读西安交通大学(饮水思源为当时校训)工业外贸专业。这个专业有着深深的时代印记,据说当时只有几所顶尖工科院校才最早获批开设,志在培养有国际视野的"三位一体"人才:能看懂工程制图,会听说读写英语,精通国际商务。只可惜工业外贸专业这个"番号",现如今已经在全国高校的学科体系中消失了,可谓大浪淘沙。

毕业后,马旭飞任职于当时中国最大的进出口总公司,该公司正在模仿日本综合商社进行改革试点。最初工作地方是位于北京西城区二里沟的苏式灰色进口大楼，在总公司人力资源本部从事海外常驻干部的日常管理工作。之后在西长安街上最早的一座港式蓝色甲级办公楼内，任国际石油衍生品交易员，直到亚洲金融危机结束。中国加入WTO（世界贸易组织）之际，随另一家成员公司转战来到上海浦东，在21世纪初中国银光闪闪的第一高楼内，做起了内外贸双循环的业务。

在中国的进出口公司工作几年后，虽目睹入世"繁花"之景，却深感"书到用时方恨少"，且与欧美日韩港台企业接触颇多，看到了差距，遂生"世界这么大，我要去看看"的冲动。于是开启赴北美（萨斯喀彻温大学）读MBA的征程，随后一发不可收，进而留学南洋（新加坡国立大学），攻读企业政策学的PhD学位。感谢恩师，让马旭飞能专注于全球战略管理研究，后为香港中文大学（以博文约礼为校训）所聘，继而获终身教职。之后在香港城市大学（以敬业乐群为校训）和清华大学经济管理学院（以厚德载物为校训）各任教两年，并在口罩即将摘下之时，又回到了香港中文大学。

马旭飞教授"出海"并研究企业"出海"已经二十余年。而封小韵则有二十年的跨国公司实践经验，其现任思科大中华区副总裁、思科大中华海外业务总经理。封小韵大学期间就曾在香港就读，之后又在旧金山湾区工作，充分理解两个湾区企业的特点，从此专注于企业的数字化实践。2023年，马旭飞教授回到香港中文大学后，在香港与封小韵见面讨论，大家对中国企业出海都非常感兴趣，从而开始了写书的合作。

在当今这个全球化的时代里，中国企业扬帆出海经营，已不再是可选项，而是必经之路。国内市场的逐渐饱和与竞争的加剧，驱使着企业去探寻新的大陆，寻找那片能助其突破重围、实现飞跃的广阔天地。出海经营，不仅意味着企业能够跨越发展的瓶颈，实现规模与效益的双重飞跃，更是其提升国际竞争力、铸就世界品牌的关键航道。

出海经营的年代，恰如大航海时代，始于经济全球化浪潮的必然推动，也是中国经济发展到一定阶段的内在呼唤。近年来，中国政府作为出海船只的引路人，积极推动"一带一路"倡议，为企业出海提供了明确的政策引导与坚实的合作基石。同时，互联网技术的迅猛发展与全球数字经济的崛起，为出海探索者装备了先进的导航系统与动力引擎，使中国企业拥有了在全球市场竞争中乘风破浪的实力。

然而，出海经营之路并非一帆风顺，它更像是一场充满智慧与勇气的海上航行。要想成功抵达目的地，企业需要具备全球视野，深入了解目标市场的文化、法律、政策环境，以及消费者的需求与偏好。企业还需制订周密的航行计划，明确出海的目标、航线与停靠点，同时要注重合规风险等风暴，建立健全的海外运营管理体系，确保航行的安全与稳定。

在执行层面，企业要注重本土化运营，如同航海家融入旅途当地的风俗，与当地的合作伙伴建立紧密的联盟。此外，企业还应建设自身的数字化优势，提升生产经营效率，做到不出国门便知晓各大陆之事。出海经营之路虽长且难，但唯有明确航行目标、掌握正确方法，方能稳健前行，最终抵达成功的彼岸。

在这本书中，我们试图将中国企业出海的故事娓娓道来，展现出海战略的底层逻辑，帮助读者形成出海思维和行动框架。为此，我们提出了核心研究问题：中国企业如何有效制定并执行出海战略？答案蕴藏于我们构建的"出海三段论"中，该理论揭示了中国企业从初步接触海外市场到战略出海的演变过程。我们通过分析最新案例，展示了战略选择与近岸外包的实操策略。同时，第二部分"出海新模型：路径、时机、数字化底盘"探讨了路径、时机与数字化底盘的构建，以及轻重模式的不同策略。此外，我们强调了全球胜任力的重要性，并介绍了数字化出海模型，以帮助企业打通全球市场并确保安全，再进阶到用 AI 来驱动业务。在第三部分"航向深蓝：全球化进阶策略"中，我们深入剖析了逆全球化、合规、绿色发展等挑战，并提出了全球化新蓝海战略及 AAA 三角形战略框架。最后，我们提供了"企业出海战略能力对标工具箱"，助力中国企业成功出海。

感谢宋志平先生、王方华教授、杨国安教授、陈春花教授、忻榕教授、何志毅教授、张志学教授、宁向东教授、吴晓波先生、王辉耀先生、徐少春先生、蒋锡培先生、桂生悦先生、周云杰先生、黄志明先生、肖知兴教授等（以上致谢排名不分先后）在百忙之中为本书作序或评论。这些老师和企业家的推荐对本书是认可，对作者更是鞭策，鼓励我们不断提高。感谢黄立先生和思科团队对这本书的支持。

非常感谢清华大学 EMBA 研究生、中信出版社的陈晖老师，在策划这本书的过程中，她给予了很多很重要的建议和帮助，感谢她的团队老师对这本书的支持。

《出海战略——中国企业的新蓝海》这本书，是我们对中国企业出海的一份献礼。我们希望它能够成为中国企业手中的罗盘,指引中国企业在全球化的新蓝海中,找到自己的方向,行稳致远。

感谢你们选择这本书,让我们一起开启这段精彩的出海之旅吧!

祝商海扬帆,一帆风顺!

马旭飞　封小韵

2024 年 10 月 12 日于香港

目录

第一部分 千帆出海

第一章 出海三段论　003

出海的时代特征：BANI　005
出海 1.0：开放观海（1980—2000 年），主题词——引进来　009
出海 2.0：疯狂赶海（2001—2017 年），主题词——走出去　013
出海 3.0：战略出海（2018 年至今），主题词——全球化　018
启航导图　026

第二章 发现新机遇 033

国家特定优势 + 035
全球扩张的硬现实 044
令人眩晕的区域化 046
钻石模型的四个要素 050
最好的战略选择是适配 054
出海目的地的战略选择：滨州样本 058
近岸外包：墨西哥样本 060

第二部分 出海新模型：路径、时机、数字化底盘

第三章 出海的路径选择 067

轻模式 vs 重模式：新茶饮样本 070
战略联盟：正正可能得负 073
并购模式：学会和鳄鱼相处 076
绿地与棕地：战略意图与政策约束 081
进入模式：小米如何攻克欧洲市场 085
隐形冠军：双童吸管的故事 087

第四章 嵌入全球价值链：果链的悲喜与外迁 093

赛马机制：挑选供应商　097
歌尔的悲喜　099
立讯：深度绑定苹果　100
视涯科技：100 亿元的独角兽　103
产业链外迁：悲喜不同　107
第五次产业转移　111

第五章 洞察先机：渐进式与天生全球化 116

铠甲与箭　119
"石头茅"的美国心经　123
乌普萨拉模型到底在说什么　126
有一种天赋叫天生全球化　132
"天生非洲化"的传音　137

第六章 全球胜任力 141

三重紧张关系与全球胜任力模型 143
从拉加德到任正非：倾听即沟通 151
从雷富礼到张瑞敏：用户至上的价值观 155
从穆泰康到梁稳根：自我驱动的态度 157
从汉高祖到可口可乐：打造多元高管团队 159

第七章 数字化赋能出海 165

数字化出海模型 166
数字化连接，打通才是目的 173
与国际接轨：站在巨人肩膀上 182
底线：全场景安全 187

第八章 数据智能让数字化变现 196

从"看见客户"到业务洞察 197
可视化模型的四个主要领域 199
可视化与精细化运营 204

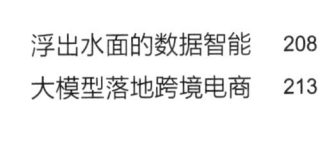

浮出水面的数据智能 208
大模型落地跨境电商 213

第三部分 航向深蓝：全球化进阶策略

第九章 暗流涌动的航道 219

逆全球化带来的不确定性 220
合规：一道道出海红线 230
绿色发展：出海的压力测试 234
颗粒度越来越细的数据保护 237
ESG：打开可持续发展格局 243

第十章 全球化新蓝海战略 252

AAA 三角形全球战略框架 253
创新的七大源泉 257
全球战略的三大悖论与三大创新 260
Glovidical：中国企业的全球化新
蓝海战略 269

参考文献 273

附录 企业出海战略能力对标工具箱 282

第一部分

千帆出海

第一章 出海三段论

> 历史是什么：是过去传到将来的回声，是将来对过去的反映。
> ——法国作家雨果

当后疫情时代到来时，"出海"忽然就成了热搜词语。让我们先来看百度搜索指数，请特别留意一下这个关键词的搜索指数飙升的时间，详见图1-1。

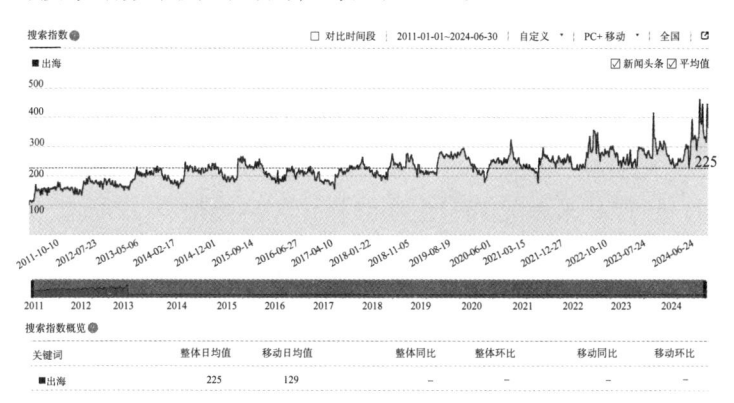

图1-1 出海与百度搜索指数

资料来源：百度搜索指数，2024年7月11日。

让我们再看一下百度资讯指数（见图1-2），同样请

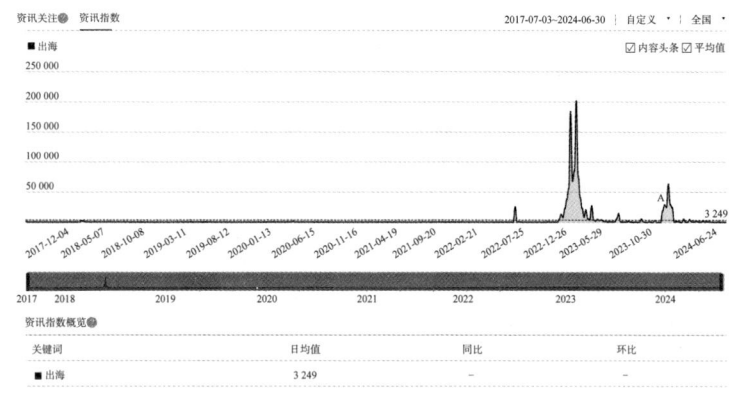

图 1-2　出海与百度资讯指数

资料来源：百度资讯指数，2024 年 7 月 11 日。

留意相关报道井喷的时间。

无论是百度搜索指数还是百度资讯指数，在新冠疫情后，都显示出了"出海"受到不同寻常的关注。而当"不出海，就出局"这一博眼球的观点被提出时，是否全球化俨然已经成为后疫情时代企业的必答题。

热搜从来不是我们追逐的目标，但热搜背后的理性思考则是。当今企业需要更深度的全球化，中国企业进入了所谓的"出海大时代"。因此，企业家需要"出海思维"，更需要"出海战略"。要理解未来，我们先要深入探究历史的脉络。西谚有云："日光之下并无新事。"历史使我们能够回溯足够长的时间，找到当下热搜现象背后的根源与逻辑，为中国企业家未来的出海决策提供有效的历史依据。

出海的时代特征：BANI

20世纪80年代末，VUCA（volatility易变性、uncertainty不确定性、complexity复杂性、ambiguity模糊性）概念在美国陆军战争学院的摇篮中孕育而生。它如同一面棱镜，折射出后冷战时代技术革新与文化变迁的斑斓光谱。然而，随着新世纪的曙光初现，这一框架虽依旧熠熠生辉，却已略显力不从心，难以全面捕捉当代世界的混沌与无序。

于是，我们迫切需要一种新的语言体系——BANI，来更精准地描绘这个时代的面貌。未来学家贾梅斯·卡西欧（Jamais Cascio）在2016年提出了BANI框架。它不仅是对VUCA的继承与超越，更是对当代复杂性科学的深刻洞察。在BANI的视角下，世界不再仅仅是动荡不安的，而是陷入了深度的混乱与不可预测。脆弱性、焦虑性、非线性和不可知性，这四个维度相互交织，共同勾勒出一幅既真实又令人不安的现实图景。BANI框架，提供了审视世界的全新视角。

"B"代表脆弱性（brittleness），它揭示了那些看似坚不可摧的系统，实则如同纸糊的城堡，一触即溃。在追求极致效率与榨取最后价值的道路上，我们往往忽略了系统内在的脆弱性，直至其崩溃的临界点骤然降临。这不仅是对单一失败点的过度依赖，更是对未来风险的盲目忽视。在全球化的今天，一个国家的崩溃往往能引发全球性的连锁反应，让脆弱性以更加惊人的方式展露无遗。

"A"代表焦虑性（anxiety），它如同一张无形的网，笼罩着每一个身处其中的人。在这个充满不确定性的世界里，每一个选择都可能成为灾难的导火索，无助感与恐惧感如影随形。媒体环境的喧嚣与误导，更是加剧了这种焦虑情绪，使得我们在信息的海洋中迷失方向，甚至不惜制造虚假信息，以求自保。

"N"代表非线性（nonlinear），它打破了传统因果关系的直线逻辑，让我们陷入了一个充满意外与惊喜的迷宫。在这个世界里，小决定可能引发大风暴，而巨大的努力却可能收效甚微。新冠疫情的肆虐，气候变化的挑战，都是非线性世界的生动例证。它们提醒我们，必须学会在复杂系统中寻找规律，适应并应对那些不可预测的变化。

"I"代表不可知性（incomprehensible），它深刻揭示了我们的认知极限。在信息爆炸的时代，我们被海量的数据淹没，往往难以找到真正的答案。系统的崩溃与异常，人工智能的决策黑箱……这些看似不合逻辑或毫无意义的现象，都在挑战着我们的理解能力。然而，正如历史所证明的那样，今天的不可知或许正是明天理解的起点。

从 VUCA 到 BANI，反映着时代的跃迁与框架的革新。VUCA 框架曾是我们理解动荡时代的宝贵工具，但随着世界的进一步复杂化，BANI 框架为我们提供了更加全面和深入的视角。BANI 框架不仅揭示了当前世界的困境，更为我们提供了应对之策。通过增强系统的韧性、缓解焦虑情绪、适应非线性变化、追求透明与直觉，在这个充满挑战与机遇的新时代，我们需要以更加灵活和坚韧的姿态迎接未来的不确定性和复杂性。

2022 年 11 月 30 日，OpenAI（美国开放人工智能研究中心）推出了"ChatGPT"，其划时代的意义被认为堪比蒸汽机的发明，甚至是钻木取火。巴菲特说："AI 给我的信号就如同原子弹一样强烈。"而斯坦福大学"以人为本"人工智能研究院（HAI）推出的《2024 年人工智能指数报告》指出，55% 以上的企业正在将 AI 融入不同的业务流程。

脆弱性、焦虑性、非线性、不可知性的时代特征与第四次产业革命的叠加和碰撞，是当今企业家不得不面对的复杂而激烈的挑战。在这样的背景下，出海淘金逐梦，又成为企业家热衷的事业。出海，既是高风险、高价值的，也是高带动性的。战略出海，就是寻找第二条增长曲线。

2023年中国出口的国际市场份额约为14%。被称为"新三样"的新能源汽车、锂电池和光伏产品等产业表现强劲，跨境电商也遥遥领先。消费电子方面，除智能手机、扫地机器人等之外，还有AR（增强现实）、VR（虚拟现实）都有出色表现。在2024年德国汉诺威工业博览会上，中国展商占比31%，是美国的12倍。在2024北京国际汽车展览会上，一些著名的国际车企高管、工程师都弯腰去打量中国的新能源汽车。

管理学大师德鲁克有一句名言："创新是避免消亡的唯一办法。"创新包括对市场的开拓，对技术的探索，以及对管理模式的变革。出海就属于市场开拓性创新，而拥抱AI、拥抱数字化则属于技术性创新。在品牌出海的过程中，AI和数字技术充当着助燃剂的角色。

改革开放40多年的历史，是一部中国不断融入全球的历史。在这样的宏观历史大背景下，中国企业从最初的睁眼看世界、观察潮起潮落，发展到探索徘徊之后的疯狂赶海，再过渡到谨慎出海，更有战略地进行深度全球化。

从时间维度来看，中国企业的出海进程是一个穿越周期的进程。在这个进程中，中国企业面临着各种各样复杂而多元的机遇与挑战。因此，我们构建了一个更符合中国企业实践的出海三段论，即 1.0 阶段的开放观海、2.0 阶段的疯狂赶海和 3.0 阶段的战略出海。这三个阶段分别对应引进来、走出去和全球化。

出海 1.0：开放观海（1980—2000 年），主题词——引进来

出海属于企业国际化的一部分。中国企业早期采用的是一种"内向国际化"策略，主要包括"三来一补"、OEM（原始设备制造商）和跨国公司在中国境内的投资活动。这个阶段可以概括为企业出海的 1.0 阶段。

在中国，"内向国际化"的一种典型模式就是所谓的"三来一补"。它是改革开放初期中国采取的一种特殊的对外经济合作形式，具体指的是来料加工、来件装配、来样加工和补偿贸易。

根据香港地方志中心的资料，1978 年 8 月，香港信孚手袋制品公司与东莞二轻工业局携手合作，共同创办了东莞太平手袋厂。在这个合作中，香港方面负责进口设备、原材料和来样，还负责全部产品的外销，而内地则提供土地、厂房和劳力。同年 9 月 15 日，太平手袋厂获得了编号为"粤字 001"的牌照，从而成为全国第一家"三来一补"企业。太平手袋厂的开工，意味着"三

来一补"模式的正式诞生,并迅速在珠三角乃至全国推开。

在《珠江模式的再认识》一文中,中国知名社会学家费孝通指出,"三来一补"模式,也被形象地称为"借船出海",使中国的低成本劳动力得以融入全球的分工体系。尽管在那个时候,中国的制造商主要承担的是代工生产环节,产品需要经过漫长的流通才能到达消费者手中,掌握定价权几乎是不可能的,但这种模式使中国能够更深入地融入世界贸易体系。

接下来闪亮登场的是与"三来一补"相关的OEM。这种代工生产模式迎来了爆发式增长,让中国迅速发展成为"世界工厂",尤其在服装、鞋帽、箱包、3C数码等消费品领域。

申洲国际,是中国最早的代工厂之一。在1997—1998年的亚洲金融危机期间,申洲国际接受并超额完成了来自优衣库的大订单,从此声誉大振。随后,它先后成为优衣库、耐克、阿迪达斯、彪马等国际知名品牌在中国的代工厂。在其2005年的IPO(首次公开发行)公告中,申洲国际宣布已经发展出了一种纵向一体化的针织服装业务模式,将纺织业务的各个环节,包括面料的织造、染整、印绣服务,以及针织服装产品的裁剪和缝纫等生产工序,整合为一个统一的流程，从而形成其竞争优势。

OEM是社会化大生产、大协作趋势下企业的一种必由之路，也是实现资源合理化的有效途径之一。全球制造业经历了从欧美日到新加坡、韩国，再到中国的120年迁移历程。截至2024年，中国制造业增加值占全球比重约为30%，连续14年居全球首位，中国为全球企业提供OEM服务和生产基地。

历史不会重演，但总是惊人地相似。"三来一补"和OEM，是深圳等特区和沿海开放城市第一桶金的主要来源。而在今天的越南——中国企业出海的热门地，你会见到一辆辆小型踏板摩托车如飞鱼般穿梭而过，从工厂车间里出来的打工者成群结队，熙熙攘攘，这景象像极了当年的东莞。

接下来的重头戏则是吸引外商投资。根据《中国吸收外资四十年（1979—2018）》，从1983年的9.2亿美元增长到2018年的1 383.1亿美元，中国年度实际使用外资金额增长近150倍，年均增幅达到15.4%。1979—2018年，中国累计设立了96.1万家外商投资企业，实际使用的外资达到了2.1万亿美元。我们不妨参考商务部《中国外资统计公报2019》所给出的1979—2018年中国实际使用外资情况（见图1-3）。

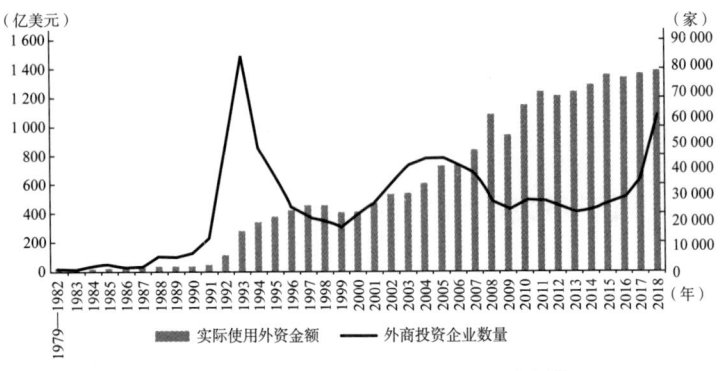

图 1-3　1979—2018 年中国实际使用外资情况

资料来源：《中国外资统计公报 2019》，商务部。

从 1979 年到 2018 年，外商投资对中国经济增长的贡献率超过了 25%。尽管外商投资企业数量不足全国企业总数的 3%，但它们创造了约 50% 的进出口总额、25% 以上的工业产值、约 20% 的税收和约 10% 的城镇就业岗位。不仅如此，外商投资企业通过在上下游的布局，还间接创造了与其配套的加工、服务等方面的就业岗位。

在这样的"内向国际化"阶段，除了提供资本，外商投资企业还给中国企业带来了技术、人才、信息、管理经验，以及世界级的市场竞争环境。这也正是"内向国际化"所展现的示范效应、上下游联系、雇员流动、竞争加剧等溢出机制。与多数发达国家的国际化进程不同的是，由于中国所处的经济社会发展阶段和所拥有的庞大国内市场，中国企业的国际化之路是先"引进来"，再"走出去"。

这种国际化路径背后的根本原因在于，外国企业的进入会推动本国企业向外发展。

在一篇学术论文中，我们提出，外国企业来到中国进行投资时，与中国企业之间往往会形成共生、竞争和合作三种相互依赖的关系。共生关系中，外资企业与中国企业在产业链上互补；竞争关系中，双方在同一市场争夺份额；合作关系中，双方通过合资、联盟等方式共同开拓市场，实现资源共享。

正是在出海1.0这一阶段，中国企业通过不断引进外资和外国生产线，不断消化吸收技术和管理经验，带动了产业链上下游供应商的自我提升，培养了一批专业管理和技术人才，全方位提升了企业竞争力……1.0阶段"内向国际化"所产生的这些红利，奠定了中国制造业的坚实基础，让中国企业从最初的"引进来"开始尝试"走出去"。

出海2.0：疯狂赶海（2001—2017年），主题词——走出去

这个阶段的起点是2001年12月11日中国正式加入WTO（世界贸易组织）。在国家"走出去"政策的引导和支持下，中国企业掀起了第一波对外直接投资的国际化热潮，有实力的企业纷纷抢滩登陆全球市场。一些行业甚至

出现"抱团出海"行为,开启了高歌猛进的"疯狂赶海"阶段。这是真正意义上的出海,也就是"外向国际化"。

一些雄心勃勃的企业,其出海的视野甚至扩展到欧美等发达地区,开始尝试并购一些历史悠久的知名企业,加速推进国际化。当时影响力最大的案例有联想收购IBM(国际商业机器公司)个人电脑业务、TCL集团收购汤姆逊公司彩电业务等。

2004年12月8日上午,中国IT(信息技术)业巨头之一联想集团宣布以12.5亿美元收购IBM的个人电脑业务,这个被称为"蛇吞象"的并购,是中国企业出海2.0阶段最成功的案例之一。通过成功整合,联想从行业第九跃升至行业第一,市场从几乎完全局限于中国到覆盖160多个国家和地区,并拥有了世界知名品牌ThinkPad。

但是在这个阶段,由于出海的跨越性非常大,企业在并购后的整合面临非常大的挑战,因此失败的风险很高。TCL的国际化历程始于初期的原材料加工和产品出口。随后,公司迈出了对外直接投资的第一步,这一战略举措始于越南。1999年,TCL收购越南当地的一家工厂并在此基础上进行扩建,这标志着其国际化战略的深化。而后TCL在收购汤姆逊彩电业务和阿尔卡特手机业务上栽了大跟头。特别是在整合汤姆逊彩电业务中,TCL

在 2005 年、2006 年合计亏损 42 亿元，作为上市公司戴上了"ST"（特别处理）的帽子。创始人李东生反思之后，发表了著名的文章《鹰的重生》。TCL 经过痛苦重组和变革之后才起死回生。联想即使成功整合了 IBM 的个人电脑业务，其实也是一波三折：第一年平稳过渡，第二、三年展开重组，获得了较好的利润，但是紧接着就在 2008—2009 财年遭遇历史上最大亏损，高达 2.26 亿美元。

在 2.0 阶段的海外并购中，中国企业的出海目的非常明确，就是向海外要品牌、要技术、要销量、要利润，可以进一步将其归纳为两个基本的战略意图：一是要进入更大的国际市场，二是通过并购获得战略性资源，如技术、品牌、营销网络等。后者显然更具有长远价值。就拿 TCL 来说，并购汤姆逊公司是看重其拥有的 34 000 项电视专利及其在欧美市场的品牌影响力、渠道网络，同时将并购获得的战略性资源转移到国内市场，提升在国内市场的竞争力，实现转型升级，从而摆脱同质化的"价格战"泥潭。

基于这样的双重战略意图，这个"疯狂赶海"的势头非常猛烈，特别是万达、海航、复星集团、安邦、华信等连续发起并购，每一家企业的并购都达到数百亿美元之巨。不过，由于预期过于乐观，因此并购之后这些企业消化不良，引发一系列问题。

根据商务部、国家统计局和国家外汇管理局发布的各年度统计公报，中国对外直接投资净额（简称"流量"）在 2016 年达到顶峰，为 1 961.5 亿美元，位居世界第二，仅次于美国，全球份额首次超过 10%。而且，就是在 2015 年和 2016 年这两年，中国的对外直接投资首次超过实际利用外资的水平。这些宏观层面的趋势可以从图 1-4 中看出。

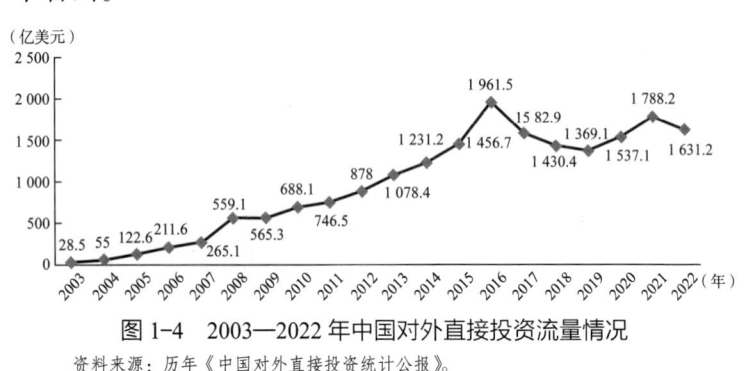

图 1-4 2003—2022 年中国对外直接投资流量情况

资料来源：历年《中国对外直接投资统计公报》。

为了给世界经济复苏增强动力，中国于 2013 年秋提出了"一带一路"倡议，促进世界经济回升向好。2.0 阶段的后期，中国的投资目的地发生了明显的改变，欧美地区退潮，共建"一带一路"国家成为新兴方向。截至 2023 年 6 月底，中国已与 152 个国家、32 个国际组织签署 200 多份共建"一带一路"合作文件。

具体从图 1-5 中我们可以看出这些变化的趋势。

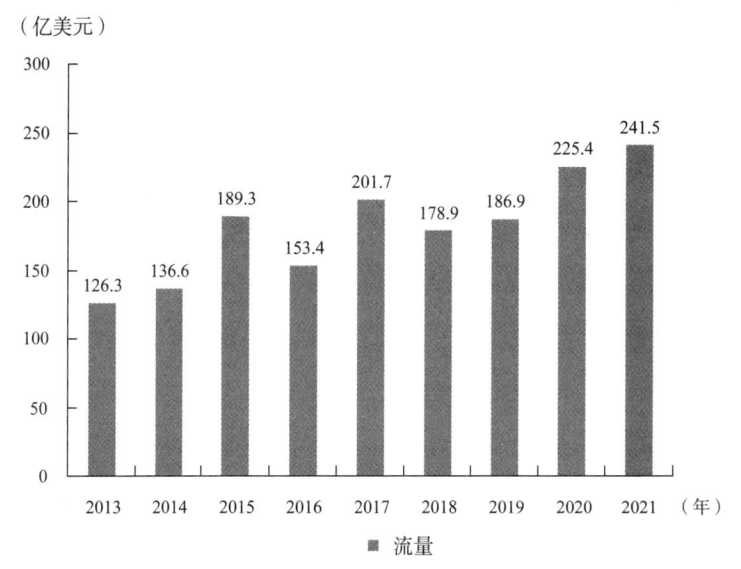

(亿美元)

年份	流量
2013	126.3
2014	136.6
2015	189.3
2016	153.4
2017	201.7
2018	178.9
2019	186.9
2020	225.4
2021	241.5

图 1-5　2013—2021 年中国对共建"一带一路"国家投资情况

资料来源：《2021 年度中国对外直接投资统计公报》。

企业"走出去"看似是个体的选择，但本质是国家间的竞争与合作。资金流动、通信联络以及产品运输，都须经过国家相关部门的监管和审批。因此，"走出去"战略不仅是企业提升全球竞争力的途径，也是中国政府和企业共同参与塑造全球经济新格局的重要选择。

"一带一路"倡议可以看作国家力量对企业"走出去"的加持。企业正在摆脱中国地缘上的传统依赖关系，开始主动寻求建立自己的资源依赖网络。国家倡议的推动，将进一步增强中国企业在全球的竞争地位。企业微观层面的演化实质上是国家宏观层面转型的一个缩影。

出海 3.0：战略出海（2018 年至今），主题词——全球化

2018 年，既是中国改革开放 40 周年，也是全球金融危机 10 周年，还被认为是中美贸易战元年。而近年来的技术进步与颠覆性创新的涌现，以及全球化与逆全球化的跌宕起伏，正在悄然改变着全球商业环境。在这种新态势下，中国企业凭借完整的产业体系、大规模的市场和完善的信息基础设施等相对优势，在全球价值链中的地位进一步上升。经过了上一阶段的"疯狂"之后，这个阶段的出海企业更加冷静审慎，谋定而后动，也更具全球化的新特征。

2023 年，中国进出口总值达 41.76 万亿元人民币。根据 WTO 的数据，2023 年中国出口的国际市场份额继续保持在 14% 左右的较高水平。其中，新能源产业、跨境电商以及消费电子等领域的商品都成为外贸的重要增长力量。由此可见，制造业出口产品结构有了显著的变化，甚至可以称为优化。

长期以来，中国外贸出口的中坚力量是由服装、家电

和家具这三个行业组成的"老三样"。海关总署数据显示，自 2020 年至 2023 年，"老三样"一直占据中国出口总额的约 9%，这一稳定比例彰显了中国传统制造业在全球市场的强大竞争力，也为中国在全球贸易中的领先地位奠定了坚实基础。与此同时，作为近年来中国工业领域的快速崛起之星，"新三样"正展现出惊人的发展加速度。2023年，"新三样"产品的合计出口额达到约 1 万亿元，首次突破了万亿元大关，并实现了近 30% 的同比增长。

新能源汽车的出海，其实也是从 1.0 阶段的"引进来"过渡到 2.0 阶段的"走出去"，进而实现 3.0 阶段的全球化布局。当国内新能源车企还在起步阶段时，特斯拉便已成为行业的佼佼者。2018 年 5 月 10 日，特斯拉在上海成立独资公司，这是中国第一家外商独资设立的汽车公司，也是特斯拉汽车在美国本土以外的首座超级工厂。随着特斯拉上海工厂的建成及特斯拉汽车在国内市场认可度的提高，国内新能源汽车企业感受到了前所未有的压力。因此，近年来，比亚迪、哪吒、上汽、长安、长城、蔚来等中国新能源汽车企业都已经做出了在海外建厂的战略部署。从中国制造的新能源汽车在海外热销，到新能源汽车企业在海外直接投资建立工厂，对于正处于风口浪尖的中国新能源汽车企业来说，全球化已经从一个可选项变成了必选项。

与 2.0 阶段不同，中国企业为了寻求更广阔的发展空间，纷纷选择出海，在国际市场上锻炼和提升自身实力，以便未来更好地参与竞争。同时，中国新能源汽车、动力电池、电解液、锂矿、锂盐等产业已在海外进行了深度布局，其中不乏各产业的领军企业，如比亚迪、海亮股份、宁德时代等，其总投资规模惊人，已超过 7 000 亿元。这样，在 3.0 阶段，中国企业出海的全球化新特征渐渐展现出来，那就是产业链、产能甚至是产业生态的全球化。

毫无疑问，中国企业出海的最重要行业就是制造业。近年来，中国制造业对外直接投资流量呈现出持续增长的态势，不仅在规模上逐年攀升，更在增速上保持高位。商务部数据显示，2018—2022 年，中国制造业对外直接投资流量的年均复合增长率达到 9.2%；2022 年，中国制造业对外直接投资流量达到 271.5 亿美元，占中国对外直接投资流量总额的 16.6%。这些数字反映出中国企业在全球制造业领域的投资正在持续扩张。

当前，中国制造业对外投资正处于一个关键的历史节点，中国正积极寻求从"制造大国"向"制造强国"的转型升级，这一战略转型将为国内制造业企业提供更多"走出去"的机遇。同样值得关注的是，中国企业的"数字出海"模式也逐渐浮出水面。这也是前所未有的国际化方式，例如，来自中国的电商、游戏及应用软件开发企业借助国际互联网平台或者自建平台，通过数字化方式进入其他国家和地区的市场。

在全球化的大潮中，中国跨境平台的崛起成为一道亮丽的风景线，它们不仅在战略层面实现了意义深远的"出海"布局，更在国际市场上展现了非凡的竞争力。阿里巴巴的速卖通 AliExpress、被纳入旗下的 Lazada（来赞达），以及近年来在欧美市场异军突起的 TikTok（抖音国际版）、SHEIN（希音）和 Temu（拼多多跨境电商平台），这些平台正以独特的商业模式和创新策略，与全球行业巨头如亚马逊、Meta(前身为 Facebook，即脸书)、YouTube（优兔）等展开精彩纷呈的竞争。

TikTok 以其短视频内容的无限魅力和强烈的用户互动性，重新定义了社交媒体和娱乐产业的疆界。SHEIN 以其对时尚潮流的敏锐捕捉和高效的供应链响应，迅速俘获了全球年轻消费者的心。而 Temu 则以其创新的电商模式和对目标市场的深刻洞察，为消费者带来了前所未有的购物体验。根据移动市场情报公司 data.ai 的数据，截至 2023 年 1 月底，中国有 4 个电商平台登上全球购物 App 用户排行榜，其中 SHEIN 位列第二，速卖通排名第七，Temu 和 TikTok 也榜上有名。

而在一些区域市场的中国出海创业企业，凭借天生国际化的禀赋，发展势头不可小觑。还有如新加坡独角兽、被誉为"东南亚小腾讯"的冬海集团（Sea Ltd.），就靠着多元化路线做到了东南亚企业市值第一。"中东小腾讯"Yalla（雅乐）集团，成立不过4年，就成为阿联酋第一家赴美上市的科技公司。出海企业创业之初就对标腾讯模式，从社交平台、游戏发行、电竞行业，扩展到电商和移动支付等非相关多元化领域。中国跨境平台无疑会将中国企业的"数字出海"推向更大规模和更广覆盖区域。

从出海1.0、2.0到3.0阶段，从"内向国际化"到"外向国际化"，中国企业参与全球价值链分工的模式和手段日渐多元和成熟。出海三段论，不仅展示了宏观层面的开放大趋势，对企业家们制定微观层面的出海战略，也有着重要的启发。

汪洋大海深不可测，惊涛骇浪随时发生。要想不被海浪吓得魂不附体，不被海水淹死吞没，如何办？就中国企业而言，出海的核心资源和能力来源，一般有三个：外企，自身，当下。中国现代国画艺术家、教育家黄君璧曾言："习艺一事，不外师人、师心、师造化，师人者以古人为师，师心者以己身为师，师造化者以自然为师也。"艺术如此，企业亦如此。

经历过出海 1.0 阶段的成功企业，都是向外企学习的高手，是对外开放的受益者。中国企业界的此类案例比比皆是。在改革开放初期，青岛冰箱厂与许多国内企业一样，起步较晚，技术相对落后。为了寻求发展，该厂从德国利勃海尔公司引进了先进的工艺技术和生产流水线，并更名为"琴岛-利勃海尔"。这一举措标志着青岛海尔的崛起，公司设计的"海尔兄弟"卡通形象也因此获得了大量粉丝。其中，黄皮肤的小孩儿象征中国，白皮肤的小孩儿则象征德国。经过 10 年的合作，青岛海尔逐步形成了自己的技术路线。1994 年，两家公司结束了合作关系。可以说，利勃海尔是海尔成长过程中不可或缺的"启蒙导师"。从此海尔一路开挂，一步步走向世界。创始人张瑞敏一直坚称，没有所谓"成功的企业"，只有"时代的企业"。

再比如体育产业。在 2024 年巴黎奥运会上，中国体育代表团展现出国际化的趋势，共有 34 名外籍教练参与其中，包括中国艺术体操队外籍教练阿纳斯塔西娅。这些教练分别活跃于田径、水球、拳击、滑板等 20 多个项目。在田径项目之一女子 20 公里竞走比赛中，中国选手杨家玉以较大优势夺得金牌。赛后，她与意大利籍教练帕特里奇奥紧紧相拥。同时，中国女子拳击队取得了显著的成就，收获3金2银，这一历史性的转变得益于以劳尔·安赫尔·费尔南德斯·里兰萨为核心的来自古巴的高水平教练团队。此外，在相对冷门的小轮车项目中，18岁小将邓雅文为中国队赢得了自由式小轮车的首枚奥运金牌。她的委内瑞拉籍教练丹尼尔·德斯更是特别学习了普通话中"金牌"的发音，以此向她表示祝贺。通过这次奥运会，我们可以看出外籍教练在推动国家体育事业发展中的重要作用。

那么问题来了，如果自己的企业还没有获得因为"引进来"而形成的核心资源和能力，没有享受到1.0阶段的"内向国际化"红利，却要像2.0阶段的某些企业一样，在资本的加持下，去"疯狂赶海"，盲目出海，后果可想而知。怎么办？没有别的选择，这样的企业只能先苦练内功。金庸先生曾写道：要"苦练招式与内功"，且"练内功是死功夫，不能靠聪明。一板一眼的照式而练，循序渐进，年深月久，功力自进"。本书写作的初心，就是列出招式，帮助企业练好内功，成为企业出海的指南。

想更好地解读中国企业的出海战略，首先需要以历史视角，拉远镜头，回顾改革开放的宏观进程；然后再聚焦镜头，观察企业微观层面的战略演进。现在出海的中国企业，更应该有战略视角，即在新时代3.0阶段，企业要把自己定位在 3.0 阶段，企业家要有 3.0 阶段的认知。这个认知主要体现在三个方面，前两个是我们反复强调的历史视角和内观自省，第三个则是我们所处时代的当下视角。

我们所处的商业世界不仅正在加速变化，甚至其"变化的方式"也在变化。从渐变转向突变、从微调转向颠覆，其中一个正在发生的变化就是出海。从社交、游戏、电商，到云计算、金融科技，一批中国数字科技企业正利用在中国多年积累的技术、人才、资金、资源，重塑当地市场的商业格局，影响当地人的生活和工作方式，带动产业链、供应链完善升级，为全球经济注入新的活力。

从经济发展趋势来看，企业出海势在必行。从生产的角度来看，现在，中国是生产能力极其惊人的经济体，这种情况在世界经济史乃至在历史上都是"前无古人"的，供给向外漫溢是一个趋势。原来人们说"copy to China"（复制到中国），现在是"copy from China"（从中国复制）。现在中国很多商业模式是可以输出的，而且输出过程中又将产生新的商业生态链或者新的产业链。2022 年全球十大下载量 App 中，字节跳动旗下的抖音短视频国际版 TikTok 名列前茅。TikTok"出海"是中国数字科技企业在全球市场竞争中发挥优势的典型案例。尽管中国企业在原始创新领域距离世界领先水平仍有差距，但在应用端，中国的企业家在洞悉人性、挖掘潜力、渗透下沉市场、提高市场渗透率方面有着为人所钦羡的独到之处。中国企业的优势在于学习能力强，复制能力强，落地能力强。在应用场景方面，有大量微创新。

谋定而后动，知止而有得。在制定出海战略之前，企业家除了应该摸清历史的纵向逻辑，还应该认准新时代的"横截面景观"。也就是说，企业家必须先对这个时代的特征有所觉察，方能准确把握国际市场的脉搏和趋势，在全球化的浪潮中稳健前行。

启航导图

我们常常会看到这样一个场景，在出海之前大家都摩拳擦掌，跃跃欲试，准备启程远航，一展抱负。然而，现实是残酷的，不少出海企业未能达到预期的战略目标，或者遭受损失，或者遇到挫折，甚至以失败告终。这样的案例不胜枚举，那么我们该怎么办呢？

孟子曰："仁者如射，射者正己而后发，发而不中，不怨胜己者，反求诸己而已矣。"射箭之道在于射箭者自身的稳固、姿态的端正、目标的精准以及力量的充足。若射箭未中靶，不能责怪他人命中，而应反思自身的不足。

因此，为了帮助读者更好地理解本书的脉络，我们制作了一个"启航导图"，为出海企业开发了一个简单实用的"企业出海战略能力对标工具箱"（见附录），涵盖了与出海战略有关的 Where、Why、How、When 和 What 五大问题。这也展现出了企业开启出海进阶之路前的整装待发状态。

Where：出海区位，即确定目标国家或地区。我们把这个 Where 问题放在第一位，正是突显了出海战略与企业其他所有战略的不同。大家肯定还记得"Location！Location！Location！"（位置！位置！位置！）这句名言。出海的本质就是国际贸易或国际投资，是中国企业到另一个国家或地区经营业务。

Why：出海目的，即全球化或国际化的目的。在回答企业出海的动机问题时，不少企业家都会不假思索地说出"为了利润"，"为了赚钱"，"为了活下去"。但这样的通用答案，或者通用思维，对指导企业出海往往帮助不大。如果将这个问题落实到企业出海战略，则需要做进一步的具体分析。

我们提供一种分析思路，就是把企业的经营活动看成投入品/投入过程和产出品/产出过程的集成。它们所对应的就是资源和市场，这样就有了所谓的"两个市场，两种资源"的说法，即国内国际两个市场，国内国外两种资源。由于技术资源在当今世界越发重要，因此我们有时也会把自然资源和技术资源单独列出。而由于中间的制造或运营环节在逻辑上无法独立存在，当企业出海目的更靠近上游时，则把中间的环节归到资源；而更靠近下游时，则把中间的环节归到市场。在企业出海实践中，虽然资源获取和市场开拓这两大目的也有可能同时并存，但资源-市场两分法可以帮助企业更好地梳理逻辑思路。有了特定的出海目的，企业"内观自省"的部分就是规划其相应的对策和行动，这与下一个问题紧密相关。

How：出海模式，即预期的进入方式。对于How这个问题，我们将在第三章做详细的介绍。就出海模式大类而言，可以分为轻模式（出口、许可证与加盟连锁等）和重模式（并购、合资、全资子公司），以是否有对外直接投资或股权介入为区分标准。需要注意的是，由于快速崛起的"出海四小龙"（Temu、TikTok Shop、SHEIN和AliExpress）等跨境电商平台的发展，跨境电商这种出海模式已经被广泛使用，在消费电子产品、快时尚服饰等领域已成为主流模式。另一个需要注意的是，企业进入同一个国家，针对不同的项目，在不同的时间节点，有可能使用不同的出海模式。

When：出海时间，即预期的出海时机。对于 When 这个问题，我们会在第五章做详细介绍，具体有两层含义：一个是企业出海状态，即企业自我评定（这是一家天生全球化的企业，还是一家在创立之后才开始考虑出海的企业）；另一个则是企业出海时机选择（针对某个目的地国家或地区，该企业是先行者还是跟随者）。

前四个问题，即 Where、Why、How 和 When，作为一个整体，其实还需要与企业的感知和内部环境相结合。这样就产生了 What 问题，即企业有怎样的知识、资源和能力，可以与企业出海的区位、动机、模式和时机相匹配。这就是一个战略问题。

企业的出海区位（Where）熟悉程度，是对第一个问题 Where 的延伸。这里列出了相关的制度环境、社会文化环境、环境因素、全球公民意识环境，以及市场和客户特点、竞争环境。这六个方面综合了 PEST（包括政治、经济、社会、技术四个维度）模型和波特的钻石模型，同时从企业自身对目的地国家或地区外部环境的熟悉程度来对标测度，这可以看作对 CAGE（文化，行政或政治，地理，经济）距离模型的应用，因为距离就是熟悉程度的反面。有了这些对目的地环境的不同感知，企业就要采取不同的对策和行动来应对，比如在出海模式上的选择。这里有几个出海相关术语，比如 PEST 模型、钻石模型、CAGE 距离模型，我们先简单列出来，其具体含义和应用将在后续章节做出详细说明。

第五个问题是 What，即企业内外部环境匹配度。首先是企业的宗旨与使命，衡量其是否与全球化的环境相匹配。企业的宗旨与使命，阐明了企业为什么存在，也就是企业家为什么要创立这个企业。如果企业的使命一直局限在国内市场的内循环，那它就存在典型的与全球化环境、国内外双循环不匹配的问题，需要做出相应的调整。这将是一场自上而下的变革和转型，最关键的则是企业家认知的提升和心态的调整。

接下来是资源和能力的跨国可转移性问题。企业在日常运营中所依赖的资源，无论是有形的还是无形的，都是企业在生产和经营活动中不可或缺的投入。当这些资源被巧妙地组合以执行特定任务时，企业的能力便得以显现。根据迈克尔·波特的价值链理论，企业凭借这些能力创造价值的活动可以被划分为基本活动和支持活动。资源和能力构成了企业核心竞争力的基石，而它们在全球范围内的可转移性，更属于国际企业管理中的核心议题。

在单一国家的背景下，资源和能力的可转移性体现了它们在不同企业间的流动性。例如，资金、原材料、通用组件、标准机器设备以及具备标准化技能的员工等资源，通常具有较高的流动性。然而，一些资源由于其独特性或在转移过程中可能价值降低，而难以转移。这些资源的不可转移性可能由多种因素造成，包括地理位置的限制、信息不对称、资源的互补性，以及资源集合的整体效用通常超过单个资源效用之和，这些因素增加了资源分离和转移的复杂性。

当视野扩展到跨国环境时，资源的可转移性问题变得更加复杂。总体来看，CAGE距离模型所说的文化、行政（或政治）、地理和经济差异降低了资源的可转移性。例如，国际转移中的法律和监管限制可能对技术转让和金融投资施加严格的控制。文化差异可能导致员工在适应新环境时面临挑战，而市场适应性要求资源根据当地需求和消费者偏好进行调整。同时，组织资源必须符合当地的法律和文化规范，这进一步增加了转移的复杂性。成本因素，如运输成本和关税，以及技术标准的差异，也可能对资源的跨国转移形成制约。

对于资源和能力的可转移性，尤其是跨国可转移性，不可想当然。如果还不理解，或者还没有意识到跨国可转移性的重要性，看看这段文言文就明白了："橘生淮南则为橘，生于淮北则为枳，叶徒相似，其实味不同。所以然者何？水土异也。"

在接下来的章节中，我们将视线聚焦在微观层面，按部就班地拆解出海的一招一式，以大量的案例来诠释何为出海战略，出海企业如何动态地识别风险，匹配进入模式，放大核心优势和能力，从而实现战略落地。

第二章　发现新机遇

> 有三件事情最重要：位置！位置！位置！
> ——英国房地产巨头
> 哈罗德·塞缪尔

塞缪尔的这句名言一语道出了房地产投资最重要的要素。无独有偶，中国香港的李嘉诚也不断重复这句关于购置房产的名言。其实只要是投资，在本质上就有相似之处和相通之处。这句话如果搬过来放到企业出海的投资战略，以至企业的国际化布局上，也同样恰如其分。

在出海之前，企业家要做的第一个决策往往就是"Location！ Location！ Location！"。也就是说，根据企业战略需求以及所在行业特点准确匹配目的地，并选择合适的方式切入市场。只不过，在房地产投资里，location翻译成地段；而在全球化的战略语境里，则可以翻译成地域。地域是一个宽泛的定义，可以是指学术文献中的东道国，也可以称为目的地国家，还可以是指具体某个城市。

福耀玻璃创始人曹德旺曾经这样说："考虑'走出去'，

应该想几个问题：为什么要'走出去'？准备拿什么东西出去？为什么要去这个地方？对这个地方的了解有多少？"曹德旺一语道出了出海战略的精髓。他说的"这个地方"，就是出海的目的地。

企业家常常把自己创办的企业当成自己的孩子，曾有一位企业家开玩笑说，选择出海目的地，其实就是选择投胎地。这个比喻虽然有点夸张，但是的确道出了选择一个正确的目的地有多么重要，因为一步错，步步错，说它是决定着企业出海成败最具战略性的一步也毫不为过。

越来越多的中国企业掌舵者坐在地球仪前寻找淘金的目的地、出海的落脚点，是把坐标定位在欧洲、美国等成熟市场，还是落子东南亚、中东、拉美等新兴热点地区？更深层的问题是，面对纷繁各异的市场环境、制度结构和文化习惯，是否存在一套通用的底层方法论？

所幸的是，百余年的全球化历程中，学术界一直追踪商业世界的步伐，并且积累了相当深厚的研究，这可以成为企业家出海征途中的望远镜。而对于对外直接投资或国际化区位选择的研究，有三个理论基础。第一个基于经济集聚的概念，最早由英国剑桥学派创始人马歇尔于1920年提出，后来由自由经济学派的新生代经济学家克鲁格曼发扬光大；第二个涉及邓宁提出的OLI（ownership 所有权、location 区位、internalization 内部化）范式中的传统区位优势，包括要素禀赋、市场吸引力、劳动力成本和基础设施；第三个则主要围绕制度环境和政策因素展开。

总的来说，这些理论强调了一个核心观点，即在做出国际化区位选择时，企业决策者应考虑经济、地理和制度因素。基于这样的理论基础，学术界发展出三个比较经典的也是许多商学院战略课上都教授的分析工具，即 PEST 模型、CAGE 距离模型和迈克尔·波特五力模型的国际版钻石模型。这三个分析工具的共同之处在于帮助企业家从微观层面脱离出来，从宏观视角来思考和决策。

这三个分析工具大同小异，我们采用由浅入深的方式来对它们一一进行介绍。对于 PEST 模型，我们在出海的大背景下，就其四个维度进行完整的介绍。对于 CAGE 距离模型，我们侧重对四个维度中地理距离和经济距离进行剖析。对于钻石模型，我们则以新能源汽车这个行业为样本进行深入、完整的分析。最后，我们通过山东滨州和近岸外包的热土——墨西哥两个案例来具体阐述，尝试回答开篇的"曹德旺之问"。

国家特定优势 +

PEST 模型是战略分析的一个通用工具。一般而言，国家是企业出海战略分析中的主要地理分析单位。PEST模型的逻辑在于，企业如何将源自目的地的国家特定优势（country-specific advantages）内化，并将其与自身的能力或所谓的企业特定优势（firm-specific advantages）相结合，以最大化企业竞争优势。

具体而言，PEST模型通过对目的地国家宏观环境的四大维度，即政治（political）、经济（economic）、社会（social）、技术（technological）进行评估，帮助企业在新市场探索与战略定位中进行多维筛选与精准规划。美国哈佛大学商学院推出的"国别分析框架"（country analysis framework），以及中国商务部针对全球不同国家和地区的《对外投资合作国别（地区）指南》，都与PEST模型的逻辑基本一致。

我们摘录了《对外投资合作国别（地区）指南》2020年版日本册的导言部分：

> 在你准备赴日本国（Japan，简称"日本"或"日"）开展投资合作之前，你是否对日本的投资合作环境有足够的了解？那里的政治、经济和社会文化环境如何？有哪些行业适合开展投资合作？在日本进行投资合作的商务成本是否具有竞争力？应该怎样办理相关审核手续？当地规范

外国投资合作的法律法规有哪些？在日本开展投资合作应特别注意哪些事项？一旦遇到困难该怎么办？如何与当地政府、议会、工会、居民、媒体以及执法部门打交道？《对外投资合作国别（地区）指南》系列丛书之《日本》将会给你提供基本的信息，成为你了解日本的向导。

具体而言，政治维度的考虑因素包括政治稳定性，即企业家需要评估目的地国家（或地区）政府的稳定性和政策的连续性，考虑税收政策、贸易限制、劳动法、环境法规等对企业运营的影响，以及政治冲突、腐败、政府更迭等可能对企业造成的潜在政治风险。一般来说，出海目的地主要分为发达国家（或地区）和新兴国家（或地区）两种。从政治环境来分析，发达国家（或地区）的政治环境相对比较稳定，法律、基础设施较为完善；而新兴国家（或地区）虽然当地经济增长迅速，竞争相对较弱，发展机遇与空间较大，但普遍存在经商的政治环境不够友好、政策与法规多变等风险。

学术界对国家政治维度已经有较为系统的研究，其中研究内容与企业国际化战略较为相关的代表人物是沃顿商学院的维托尔德·亨尼斯（Witold J. Henisz）教授。他师从以交易成本理论而获得诺贝尔经济学奖的奥利弗·威廉姆森（Oliver Williamson）教授，开发出政治约束指数（political constraint index），并以此来衡量一个国家政策变更的可能性。因为政策变更会带来国际投资的不确定性，即有可能增加企业在目的地国家投资和经营的政治风险。例如，在国际上受到广泛关注的《欧洲货币》（Euromoney）杂志定期发布"国家风险指数"。

中国出口信用保险公司（简称"中国信保"）从中国视角出发，自2005年以来，已连续19年发布《国家风险分析报告》，以其在外经贸领域的独家承保经验为基础，深度分析全球风险态势，研究成果对中国企业开展对外贸易和海外投资活动具有较高参考价值。2021年，中国信保首次发布美国分册报告，加强了对美国国内政治结构的研究。

经济维度的考虑因素包括目的地国家的经济增长速度和趋势，货币政策和通货膨胀等因素，以及政府的支出等财政政策和税收政策对企业可能产生的影响。另外，从经济周期来看，还要权衡目的地国家经济的繁荣、衰退、萧条和复苏周期对企业的影响。

以福耀玻璃为例，当初创始人曹德旺推进全球化制造的初衷是贴近全球汽车保有量第一的北美市场。这是宏观层面的外因，而宏观层面的内因则是中国制造的成本优势正在逐渐减弱。在计算成本的时候，曹德旺是这样比较的："美国的能源价格很低，电价和汽油价格都只是中国的一半，天然气价格只是中国的五分之一，高速公路又不收费。但他们的工人工资高，工资在营业收入里占比能达到35%。而我们中国工厂，因为用了很多机器，虽然工人工资比社会平均高，但工资占营业收入比例只有百分之十五点几，两方面一抵消，单就生产环节而言，中国比美国还是有优势的。但中国工厂有交易成本，把中国商品运到美国去卖，交易环节产生的成本能占到营业收入的15%，这一下子就把差价全部弥合了。我们还有制度成本，工人的五险一金能占到销售收入的8%，这块一进来就更没有竞争力了。"这些都是经济维度的考虑因素。

更宏观一些来看，我们以日本为例。近些年，日元的贬值引发了全球的广泛关注，尤其是与日本有紧密经济联系的国家，它们受到的影响更为明显。2024年以来，日元的贬值趋势持续，日元兑美元汇率于2024年4月一度跌至160日元兑换1美元，这是自1990年以来的历史新低；同时，日元兑人民币的汇率跌到了1日元兑0.045元人民币以下。日元的贬值导致中国商品在日本市场的相对价格上升，这可能会降低中国商品在日本市场的竞争力，进而减少中国企业对日本的出口。对中国企业来说，日元贬值降低了以人民币计价的对日投资成本，可能会激发中国企业增加在日本的投资，特别是对于那些在日本市场寻求并购或战略投资机会的中国企业。

社会维度的考虑因素主要是目的地国家是否能从消费市场和劳动力市场两方面帮助企业家锁定目标市场。比如从消费市场来看，人口规模、年龄结构、性别比例、教育水平是否支撑企业的扩张战略，文化价值观、生活方式、消费习惯等对产品或服务需求的影响，劳动力的可用性、成本和技能水平，以及贫困问题等可能对企业社会责任感和声誉造成的影响。

此外，网络游戏业出海尤其需要考虑当地的文化习惯，因为这受到当地未成年防沉迷措施的严格执行、游戏版号停止发放和收紧等政策影响。从2021年开始，"出海"已经成为中国游戏公司的共识。不少上市的游戏公司在财报中提及海外运营情况，以及未来在海外的拓展计划。据中国音数协游戏工委等发布的《2021年中国游戏产业报告》，2021年中国游戏市场实际销售收入仅同比增长6.4%，而在国外却实现两位数增长。

处于行业第一的腾讯在2021年度财报中披露，其本土市场游戏收入增长6%至1 288亿元，国际游戏市场的收入增长31%至455亿元。更为显著的是，2021年第四季度，腾讯国际市场游戏收入为132亿元，同比增长34%，而本土市场游戏收入仅增长1%至296亿元，可谓冰火两重天。从2021年第三季度起，腾讯的财报开始单独披露国际市场游戏收入，这说明在腾讯的业务版图中，国际游戏市场的规模和特点已经脱离母国自身的特征，国际游戏市场的规模推动腾讯成为一家国际业务占比超过三分之一的国际游戏公司。

和腾讯出海首战选择东南亚不同，网易出海的第一个落脚点选择的是日本。比如，网易的《第五人格》主打轻恐怖题材，在本土市场，这是个相当小众的市场，但2020年网易的财报披露，《第五人格》在日本市场表现出巨大的发展潜力，整个亚洲市场中日本玩家占比超40%。原因在于，恐怖题材是日本传统的夏日主题，每年都会有大量恐怖题材引发热潮。《第五人格》的恐怖要素，恰好满足了日本人对恐怖题材的兴趣，而且让害怕鬼怪的女性玩家也容易上手。它在付费方面也进行创新，贴合日本玩家习惯，形成玩家高频、小额、持续的支付意愿，吸引玩家逐步重度投入。

再以中餐出海为例。一方面，出海目的地中亚洲人口的比例是一个需要考量的因素，比如海底捞设在美国的第一家分店位于阿卡迪亚，那里50%的人口是亚裔。而另一方面，劳动力市场的可用性也是一个需要着重考量的因素。海底捞出海的第一站，选择了有"美食天堂"之称的新加坡。这里华人占总人口的七成，而且当地对火锅并不陌生。加之新加坡消费水平属于发达国家的行列，选择这里是顺理成章的。海底捞将店址设在新加坡的黄金地段，那里既是旅游热点地区，又毗邻新加坡最热闹的酒吧区、临河海鲜店，堪称理想之选。

2012年11月2日，海底捞发布公告，称新加坡第一家直营餐厅开始试营业。试营业期间生意兴隆是可以想象的，晚上6点至8点的用餐高峰时段，客人们有时需要在海底捞店内的等待区守候3个小时。但营业不到一周，海底捞就发布了第二个公告，内容是向消费者致歉。原来，由于新加坡劳务政策紧缩，获得工作准许证的难度加大，国内选拔出的老员工不能及时到位；而对于当地员工，海底捞即便开出1 700新加坡元（约合8 500元人民币，在当地的服务业，这个薪水算是偏高的）的基础工资，仍然很难招聘到充足的人手。直到一个月后，人力问题基本得到解决，新加坡直营餐厅才重新开始营业。由此可见，对社会维度的多重要素的敏锐把握，对于面向消费者的企业来说，是出海的必修课。

PEST模型的第四个维度是技术，包括目的地国家技术基础设施的可用性和质量，如互联网接入、通信网络等，以及与技术相关的法规和标准，如数据保护、知识产权方面的法律法规，行业或者竞争对手的研发投入和创新能力。此外，大批中国的金融科技公司之所以进军东南亚，是因为东南亚市场的互联网普及率较高，一些国家对金融科技创新持开放态度，监管政策相对宽松。于是，大批金融科技"后起之秀"选择以技术输出、资产管理等方式布局东南亚市场。

再比如，在澳大利亚、中东等地，车辆驶入主道需要迅速提升车速，长城汽车从这些细节入手，对出口汽车的加速度参数进行调校。2023年9月，哪吒汽车宣布在泰国市场累计交付量突破10 000台，迈入"海外单一市场万辆俱乐部"。哪吒汽车出海成功的一大关键要素是，除了研究当地的经济发展水平、相关法律政策等，还深入了解当地市场的文化和消费习惯，推出右舵版车型，成为首个出口右舵版车型的造车新势力。

企业决策者可以通过PEST模型识别外部环境中的机会和威胁，从而制订更加有效的战略规划和应对措施。此外，还可以将PEST模型与其他分析工具结合使用，如SWOT（优势、劣势、机会、威胁）分析法，以获得更全面的视角。

正如曹德旺所问，企业实施国际化战略，首先要回答的问题就是："为什么要去这个地方？对这个地方的了解有多少？"因为企业在海外市场拓展业务的本质特征就是一种空间扩张。某些国家和地区优越的地理位置可能会使在那里经营的企业获得无与匹敌的区位优势，而某些国家和地区则有可能令前来淘金的企业陷入困境。因此，企业制定出海战略时，对目标区域市场细微差异的精确辨识的能力，有助于自身精准切入国家和地区市场。

全球扩张的硬现实

和 PEST 模型的思路相类似，CAGE 距离模型也是一种用于评估国家（和地区）间差异和企业国际化战略的工具。不同的是，它比 PEST 模型更落地一些，它以母国为出发点，以四个维度的距离为抓手，帮助企业家识别目的地是否匹配自身的战略。

CAGE 距离模型来自 2001 年《哈佛商业评论》一篇颇具影响力的文章，其标题为《距离仍然重要：全球扩张的硬现实》，作者为时任哈佛大学商学院教授潘卡吉·盖马沃特（Pankaj Ghemawat）。该模型认为，公司在规划全球扩张时应该考虑国与国之间的四个距离维度：文化距离（是指两国之间的宗教信仰、种族、社会规范和语言的差异)，行政或政治距离（是指两国之间曾经的殖民地-殖民者渊源、共同货币和贸易安排等方面的差异），地理距离（是指两国之间的物理距离、目标国家的大小、内部地形差别以及交通和通信基础设施差距），以及经济距离（是指两国之间财富或消费者收入的差异，以及金融和其他资源的成本和质量的相对变化）。

这里距离的含义，是指有形和无形的差距或者差异。这些差异有可能很明显，也有可能很细微。某一差异可能让企业素来引以为豪的竞争优势化为虚无，甚至变成一种麻烦。比如餐饮业往往是当地文化的体现和延伸，文化的距离就是"胃"的距离。海底捞一向以等位时提供各种免费服务来吸引消费者。2013年海底捞进军美国市场之初，曾把在美国市场的人均消费定在40~50美元，主打中高端市场。对此，创新工场董事长李开复发微博称："40~50美元太贵了，美国人对中国菜没有高档的认知，而且直截了当的美国人宁愿早订位，不会愿意等一个小时享受附加服务的。"

而海信大手笔连续赞助2016年欧洲杯和2020年欧洲杯，就是借助欧洲杯赛事这个载体来跨越文化距离，大幅缩短当地消费者认识和接受海信品牌的过程。如今，海信电视在德国、意大利、英国市场占有率均位居第三；海信冰箱在英国、捷克、匈牙利、斯洛文尼亚市场占有率位居第一。2024年，海信第三次赞助了欧洲杯。北京出海领航国际管理顾问有限公司发布的《2024年度百家中国制造企业出海调查报告》显示，2023年以来，部分中国制造企业通过赞助当地有影响力的体育赛事来加速品牌"出海"，这背后的逻辑，都可以从CAGE距离模型中得到印证。

在详述了PEST模型之后，我们不对CAGE距离模型的四个维度进行独立拆解，而是侧重从地理距离和文化距离的视角来讨论区域化，比如欧盟、东南亚、中东等超国家区域。

令人眩晕的区域化

近些年的企业国际化研究和实践，放大了战略的视角，提出了"区域化"的概念。从区域化概念的视角来看，跨国企业使用超国家区域（如欧盟、北美自由贸易区、东南亚国家联盟、海湾阿拉伯国家合作委员会、南美国家联盟等）而不是个别国家来定义其业务的主要地理范围。这些新进展也呼应了国际经济地理学的发现，即简单的母国—东道国二元模式已经不足以捕捉国际生产、贸易甚至创新的复杂性。但对企业家来说，当其用区域化的概念来选择目的地的时候，就仿佛是用圆规在地图上画下一个圆，看上去简单易行，但很容易忽略其中的细微差异而误入歧途。

在实践当中，地理距离和文化距离往往是比较相关的。对中国企业来说，从地理距离和文化距离来考虑，东南亚就以其庞大的消费市场潜力、较低的劳动力成本以及有利的营商环境成为众多新兴企业的出海首选地。除了泰国、越南、马来西亚和印度尼西亚等传统热门投资国家外，柬埔寨等经济相对欠发达的国家也凭借贸易关税政策优势和劳动力成本竞争力，逐渐成为中国企业新的投资热点。但是，如果用PEST模型或者CAGE距离模型去分析，那么东南亚并不是一个具有一致性的区域市场，出海企业去印度尼西亚、泰国或者越南，面临的问题和采取的策略不可一概而论。创业者如果把东南亚作为一个统一市场来看，一定会吃大亏，比如，新加坡与其他国家的消费能力完全不同，马来西亚、印度尼西亚的宗教信仰情况也不完全一致，等等。

近年来，出现了一些新的国家组合，它们与区域化有所关联，但又存在本质上的差异。其中最著名的要数"金砖国家"（BRICs）。BRICs是由巴西、俄罗斯、印度和中国4个国家的英文名称首字母组成的缩写词。2001年，投资银行高盛的经济学家吉姆·奥尼尔创造了这个词。由于"BRICs"的拼写和发音与英文单词"砖"（bricks）很相近，中国媒体和学者将其译为"金砖国家"。2011年，南非正式加入金砖国家，英文名称定为BRICS。

新兴的"新钻11国"（Next-11）是高盛在2002年前后提出的另一个投资概念。这11个国家分别是墨西哥、印度尼西亚、尼日利亚、韩国、越南、土耳其、菲律宾、埃及、巴基斯坦、伊朗和孟加拉国。这些新兴市场经济体的潜力仅次于金砖四国，其中尤以韩国、墨西哥和越南最受关注。

"灵猫六国"（CIVETS）这一概念最先流行于伦敦的对冲基金经理之间。"CIVETS"是由哥伦比亚、印度尼西亚、越南、埃及、土耳其和南非六国英文名称首字母组成，六国的共同特点是"有庞大的年轻人口，经济多元、有活力"。2010年4月底，汇丰集团首席执行官迈克尔·盖根在伦敦出席一个论坛时提出，未来10年，这6个新兴潜力市场将是最有可能长期维持高增长的经济体。

另一个类似的国家组合是"薄荷四国"（MINTs），同样由新兴经济体组成，还是由吉姆·奥尼尔提出的。MINTs是由墨西哥、印度尼西亚、尼日利亚和土耳其的英文名称首字母组成的缩写词。MINTs与英语单词"薄荷"（mint）相似，因此这个组合被称为"薄荷四国"。薄荷四国与金砖国家除了都是人口大国之外，最大的特点是薄荷四国今后 20 年都将享受相当的人口红利，也就是工作年龄人口超过非工作年龄人口。

与以上不同，还有一个被称为"笨猪五国"（PIIGS）的国家组合。这 5 个国家分别是葡萄牙、意大利、爱尔兰、希腊和西班牙。由于这些国家的英文名称首字母组成"PIIGS"，与英文单词"pigs"（猪）相似，因此得名。这个组合也被称为"欧猪五国"，这是国际债券分析师、学者和国际经济界媒体对欧洲 5 个主权债券信用评级较低的经济体的一种贬称。"笨猪五国"前身为"欧猪四国"（PIGS），其中的"I"指的是意大利，后来加入了爱尔兰，变成了"PIIGS"。

这些新兴的国家组合反映了全球经济格局的不断变化，对中国企业出海，尤其是对外直接投资的地域选择，有一定参考意义。但需要强调的是，当我们考虑区域市场的时候，一定不要被这个地理概念的表面含义所迷惑，而要更多地去观察国家市场之间的异同，并在某几个国家取得一定成功后，利用区域辐射效应，将品牌影响力传递到更多细分市场。当然，如果区域市场内的几个国家有一定的相似性，企业可以用相似的逻辑去推进产品布局，那么区域市场这个概念是值得考虑的。

钻石模型的四个要素

迈克尔·波特的钻石模型，是从经典的分析企业竞争优势和竞争战略的五力模型演化而来的，是分析国家或地区产业国际竞争力的最经典框架。波特认为，一个国家的某个产业是否具有国际竞争力，主要由生产要素，需求条件，相关产业与支持性产业，以及企业战略、企业结构和同业竞争这四个主要因素决定。这四个因素构成了一个菱形，因此该模型得名钻石模型（见图2-1）。

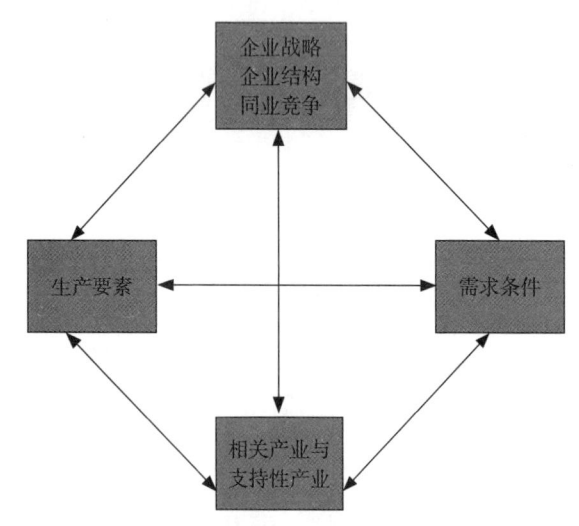

图 2-1　迈克尔·波特的钻石模型

资料来源：迈克尔·波特著，《国家竞争优势》，中信出版社，2012 年。

我们简要介绍一下这四个要素的主要含义。所谓生产要素包括人力资源、天然资源、知识资源、资本资源和基础设施等。这些要素是产业发展的基础，但不同产业对这些要素的依赖程度各异。需求条件是指东道国国内市场的需求。国内市场的需求规模和成熟度可以推动产业创新和改进，为产业提供发展动力。相关产业与支持性产业是指与主导产业直接相关的上游或下游产业，以及提供必要服务或原材料的辅助性产业。这些产业的发展水平和竞争力直接影响主导产业的竞争力。

企业战略、企业结构和同业竞争，涉及企业的战略选择、组织结构以及它们之间的竞争状况。需要强调的是，一方面，按照市场机制，本土市场的激烈竞争可以促进企业创新和效率提高；但另一方面，当外来者涌入的时候，当地的竞争对手也可能因为竞争压力过大而产生应激反应。2023年9月27日，印度尼西亚贸易部宣布禁止社交媒体作为商品的销售平台。于是，TikTok旗下电商平台TikTok Shop不得不关停印度尼西亚站，导致平台上600多万商家受到波及。分析其原因，可能正是海量中国跨境电商借助TikTok这一平台涌入印度尼西亚市场，对当地分散脆弱的营销体系造成巨大冲击，直播带货、"价格杀手"等销售方式给当地小供应商造成致命影响，出于保护当地市场稳定的考量，当地政府出台了相关政策。

印度尼西亚政府对 TikTok 采取的这些举措，是该政府对四大要素产生消极影响的一个案例。这也引出四个关键因素之外，波特强调的两个外部因素——政府和机会——的作用。政府的政策可以对四大要素产生积极或消极的影响，而机会则是不可控制的外部因素。

政府可以通过政策之手创造新的机会，同时也可以制造压力。比如，泰国投资促进委员会为投资者提供了多种税收和非税收优惠，包括企业所得税减免、机器设备进口免税和原材料进口免税等。泰国允许外资 100% 持股和购买土地。除具备良好的产业基础外，泰国还拥有金融、人力资源和法律等完善的配套服务，这对外国投资者尤其有帮助。而巴西，虽然拥有 2 亿多人口，消费潜力巨大，电商市场也在不断增长，但制造业基础薄弱、技术水平相对落后，并且在贸易保护主义政策的庇护下，享有"万税之国"的别称，各种税收种类繁多，使外来产品面临较为苛刻的关税。

第二个外部因素——机会，则是企业家们最善于捕捉也最令他们兴奋的。无心的人，对机会往往视而不见。没有实力的人，机会对他而言往往稍纵即逝。但是，企业一旦把握住机会，就会获得巨大的回报。比如，网易研发的射击类求生手游《荒野行动》在日本大获成功，就是一个企业利用机会占领海外市场的例子。《荒野行动》海外版上线第一年，全年收入就高达 4.65 亿美元，其中日本市场贡献了 80% 的营业额。这款游戏之所以在日本市场如此成功，原因之一就是在游戏上线前，网易对日本游戏市场进行了全面调研及数据推测，发现射击类游戏已有稳定的消费群体。而一方面手游市场同质化严重，另一方面射击类逃杀手游市场却存在空白。《荒野行动》海外版发布后，网易便将日本锁定为核心发力市场。经过多年运营，这款游戏已成为日本家喻户晓的游戏作品。

波特的钻石模型是一个各因素互相促进增强的系统，任何一个特质作用的发挥程度取决于其他特质的状况。例如，良好的需求条件并不能带来竞争优势，除非竞争的状态（压力）已达到促使企业对其做出反应的程度。以中国出口的"新三样"之一动力电池为例，目的地所在国政府对四大要素的干预给中国企业的进入增加了壁垒。2023年全球数据显示，在装车量排前十名的企业榜单中，中国动力电池企业占据六个席位，合计份额达 63.5%。近年来欧盟国家、美国等出台相关准入政策，使得中国电池企业出海难度不断增加。比如根据《欧盟电池和废电池法规》，自 2027 年起，动力电池出口到欧盟国家必须持有符合要求的"电池护照",记录电池的制造商、材料成分、碳足迹、供应链等信息。对此,动力电池企业可以考虑更灵活的进入策略。除了海外直接建厂,这些企业可以采取技术授权等新模式去跟海外企业合作。

最好的战略选择是适配

在用上述分析工具进行评估之后,企业要做的第二步,便是将自身的战略目标与出海目的地的区位优势进行适配。比如,企业的战略目标是寻求自然资源,那就应该进入某种特定的自然资源丰富的地区,例如石油资源丰富的中东、俄罗斯、委内瑞拉等地区。中国企业在拉丁美洲的投资主要集中在巴西、秘鲁、智利、墨西哥、阿根廷和哥伦比亚这六国。拉丁美洲拥有丰富的锂矿资源,智利、玻利维亚、阿根廷三国坐拥全球较大比例的锂资源。因此,中国新能源汽车相关企业加大了在这些区域的投资力度。

如果企业的目的是寻求创新,则企业可以考虑进入美国硅谷和印度班加罗尔等世界上以创新闻名的地区,那里聚集着大量具有创新精神的人才、大学和企业。在20世纪80年代初,三星开始走上自主开发之路。三星在美国硅谷成立了研发中心,聘请了许多韩裔美籍电子工程师,并邀请他们加入团队,此外,还将三星的技术人员派往硅谷接受培训和学习。为了获取半导体领域的研发人才，三星的领导人李健熙多次前往美国硅谷招聘人才，建立了三星的半导体团队。

创新的源泉来自顶尖人才的大脑，华为在全球的创新研发布局，就是围绕这一点展开的。隆巴迪先生是著名的微波研究专家，他是意大利人。2011年，华为在米兰设立了微波研究中心，吸纳隆巴迪先生加入。克里纳先生是全球知名的商业架构师。2014年，华为在爱尔兰科克市，一个不太知名的小城市，成立了研究所，邀请克里纳先生担任负责人。如今，这个"一个人的研究所"已经发展成为拥有20多名专家的团队。马修先生曾是知名品牌卡地亚和三宅一生的设计师，现在是华为法国美学研究所的首席设计师。华为的逻辑是：人才在哪里，华为就在哪里。只要有优秀人才聚集，华为就会主动出击，设立研发中心，以吸引和凝聚更多人才资源。

如果企业的战略目标是寻求效率，那么企业往往会选择那些既能实现规模经济又有低成本要素的高效率市场。比如，许多跨国企业为了寻求效率而进入中国，高峰时世界500强中有400多家进入了上海，中国四分之一的外国直接投资集中在上海。可实际上，中国的劳动力成本并不是全球最低的，而上海又是中国劳动力成本最高的城市之一。上海吸引外国企业的原因是它能够降低综合成本，提高企业效率。

再比如，如果企业的战略目标是扩大海外销售、提升市场占有率，那么企业就应该进入对其产品和服务有巨大需求的国家和地区。例如，中国是世界上最大的汽车消费市场之一，几乎世界所有的汽车企业都曾经想方设法进入中国。而现在的情况却发生了反转，中国车企借助新能源汽车弯道超车，造车新势力都想方设法进入欧洲市场。根据钻石模型，这当中的原因主要有以下几个方面。

从需求状况来看，欧洲是全球新能源汽车产业增长最快的市场之一，具有巨大的市场潜力和消费需求。欧洲消费者对新能源车型的接受度较高。而且，欧洲国家普遍实施新能源补贴政策，通过降低购车成本来刺激新能源汽车的销售，这对造车新势力来说具有很大的吸引力。例如，在德国，消费者购买纯电动汽车可享受5 000~6 000欧元的补贴。2020年，欧洲新能源乘用车销量达到136万辆，首次超过中国，成为全球新能源汽车第一大市场。

从生产要素来看，在基础设施建设方面，随着欧洲对新能源汽车基础设施的持续投入，如充电站网络的建设，为电动汽车的使用提供了便利，这些使得造车新势力纷纷将目光投向欧洲市场，希望能够在这个成熟且具有挑战性的市场中占据一席之地。进入欧洲市场，还有助于企业提升品牌在全球范围内的知名度和影响力，是造车新势力实现国际化战略的重要一步。

从更长远的企业发展战略角度来看，中国造车新势力在电动化和智能化技术方面具有一定的优势，进入欧洲市场可以更好地展示这些优势，从而与当地品牌及其他国际品牌竞争。

除了上述正面态势吸引中国的造车新势力，还有一些严峻的挑战摆在面前。比如钻石模型中提及的，如果东道国的政策制定者不能维持制度的吸引力，反而设立一些贸易壁垒，就会造成一系列负面影响，这充分体现在欧美针对中国新能源车企的政策上。

美国《通胀削减法案》规定，消费者购买清洁能源新车可获得最高 7 500 美元的税收抵免，但汽车整车必须在美国组装，并且电池所用的原材料也得有一定比例源自美国本土或美国的自贸伙伴。这些贸易壁垒导致中国电池企业海外投资设厂的成本抬高。

从竞争的维度来看，新能源汽车市场的扩张态势也出现战略调整的迹象。2023 年以来，欧美汽车市场电动化的进程放缓。福特、奔驰等多家跨国车企已相继宣布放缓推迟电动汽车计划，梅赛德斯-奔驰集团股份公司董事会主席康林松公开表示，原定于2025年实现的"电动汽车销量占比达50%"的目标将推迟至2030年完成。

对于中国新能源车企，外部市场环境在不断发生变化。面对逐步严峻的贸易和关税壁垒问题，一些中国车企通过在欧洲建厂来规避此类风险，以确保产品的市场竞争力。例如，比亚迪已在匈牙利赛格德市建设新能源汽车整车生产基地，以应对欧盟可能对中国出口电动汽车征收的高关税。

有一点需要中国公司特别注意的是，区位优势可能会随着时间推移而增长或减弱，因而企业也需要做出相应调整，甚至重新布局。如果东道国的政策制定者不能维持制度的吸引力，或者太多企业蜂拥而至导致土地和人才成本急剧上升，那么一些企业可能会退出之前具有区位优势的地区。

出海目的地的战略选择：滨州样本

在山东滨州，诞生过将魏桥集团打造成为世界上最大的棉纺织企业和铝生产商之一的传奇人物张士平，出现过在外闯荡吃干馒头、喝自来水，连旅店都不舍得住的西王集团创始人王勇。在出海的浪潮中，滨州民营企业出海目的地的战略选择，成为我们观察的一个样本。

山东滨州的民营企业大多不是行业龙头，也不是疯狂赶海的热潮中最早闯出去的那一批，但在战略出海的阶段，它们却找到了出海的海图和坐标。滨州海关统计，2023年，滨州外贸进出口总额1 191.8亿元，占地方GDP（国内生产总值）的38.25%。2023年，滨州有53项产品产能、产量或市场占有率列全国第一位，其中15项列全球第一位。比如，山东富海材料科技有限公司是滨州金属板材领域多年的外贸冠军企业，其品牌"鲁匠"是海外公认的高端金属板材品牌，在印度尼西亚大型采购商中的知名度超过90%。惠民县李庄镇素有"绳网之乡"的美誉，聚集了3 000余家绳网加工企业，建筑安全用网占据国内80%以上的市场份额。新冠疫情结束之后，滨州企业没有等来市场需求的"报复性"增长，反而遭遇了断崖式下滑。面对生死难题，企业纷纷决定"出海"自救。

滨州企业家一直与中东企业有深度的外贸往来。中东国家希望通过股权投资吸引全球拥有先进科技与采用创新商业模式的企业入驻本国，以推动当地经济转型发展。高人均GDP和年轻化的人口结构，成为中东国家吸引外资的独特优势。2024年，滨州企业家抱团出海，选择中东的阿联酋、沙特阿拉伯作为桥头堡。

比如，山东乐通数字科技有限公司与沙特皇冠石油集团签订战略合作协议。双方致力于搭建一套围绕建筑材料的供应链平台，整合16大类建筑材料，数十万种细分品类，帮助客户在平台实现一次性采购。预计仅沙特阿拉伯客户每年就将从平台直接购买超过100亿元的建材用品。

而山东嘉洁塑业有限公司的产品出口60多个国家，其在沙特阿拉伯、阿联酋这两个国家的一次性餐具市场占有率超过70%。过去，该公司产品以外贸的方式进入目的地国家；现在，该公司把设备、模具、原材料、技术统统打包到当地，与当地企业合作设立工厂，这样不仅节约物流、关税成本，还能以沙特阿拉伯为桥头堡将产品出口到周边海湾国家，形成辐射效应。

一方面，滨州企业跨越山海，奔赴中东；另一方面，沙特阿拉伯方面也计划2024年和中方企业共同投资5亿元人民币，在大通惠民绳网产业园建设外贸产业园，全方位服务沙特阿拉伯方建筑类用网需求。

近岸外包：墨西哥样本

在地缘政治风云变幻的背景下，美国提出"近岸外包"的政策，墨西哥等拉美国家在全球供应链体系重构的新格局中开始扮演重要角色。2023年，墨西哥取代中国成为美国第一大贸易伙伴。

采购软件和解决方案提供商 Jaggaer 的数据显示，2021年美国公司从墨西哥工厂采购的化学品、生产和建筑材料是2020年的6倍，而从亚太地区采购的总量下降了26%。年收入超过300亿美元的30家美国公司，向中国的制造供应商发起的订单数量下降了9%，这些企业大多数是家电和家具生产企业。而冰箱、空调等家电生产企业更倾向于将生产线转移至墨西哥。

一些外资企业，包括一些中国制造商也在墨西哥投资布局业务。这些中国公司大多数是成品制造商，如生产家电、家具和其他家居用品。它们来墨西哥建立业务的主要目的是规避美国对中国追加的关税，并且便于企业为美国客户提供材料和零部件。中资制造业企业未来可能大幅增加向墨西哥外流的规模。根据墨西哥经济部数据，2021年中国对墨西哥的直接投资超过6亿美元，比上年增加76%，创自1999年有可比数据以来的新高。

墨西哥最大的商业银行之一 BBVA Bancomer 对工业园区协会做的调查问卷显示，自2018年中美贸易战爆发至2022年，进驻墨西哥的外资企业中，美国占比35%，中国占比6%。而到2025年，中国公司的占比将达到20%。墨西哥国立自治大学经济学教授杜塞尔·彼得斯近期发布的报告显示，2018—2022年，中国企业在墨西哥创造的就业岗位超过11.2万个，占总量近四成。

新到墨西哥的企业家可能会被这里无处不在的商业机会吸引。然而，随着中国制造领域的企业家在墨西哥市场的深入了解，他们逐渐认识到，拥有充足的资金、愿意投入大量资金并准备好接受初期至少三年的经营亏损，是成功进入这片充满挑战的创业丛林的必备心态。

2024年5月，《财经》记者在墨西哥走访21天，发现人力成本低是中国企业对墨西哥最深的误解。"几乎一切成本都比中国高，包括人力、水电、原材料、物流。"据《财经》了解，墨西哥工厂比中国工厂成本高出40%~50%是常态，许多企业销往美国的产品依然要从中国或东南亚发货。也就是说，即便节省了运输和关税的费用，墨西哥工厂的成本依然很高。

这听上去像是个笑话，但却是现实的一面镜子。德勤曾在2023年调研在墨西哥建厂的中国企业，多项成本对比中，受访者只有两个选项："贵一点"和"贵得多"。其中，人力、地价、公共服务"贵一点"，原材料和建筑成本"贵得多"。尽管很多企业生产经营举步维艰，但是多数公司对此也只能忍耐。

选择出海目的地，一定不是一个模糊的判断。企业如果在选择目的地时发生摇摆，很可能是没有运用上述工具进行充分的评估和适配。在出海之前,企业需要从上述分析工具入手,充分研读目标区域的政策法规,不能对该国甚至相关第三方的政治、贸易摩擦等缺乏深入了解,并应从多个维度综合评估,从而有效预估潜在的风险和变化。

在理解和适应目的地国家的市场偏好和消费者需求时,企业如果过于依赖国内市场经验,可能导致策略失误和市场不适应,这也是出海之前要三思的。比如,在进军美国市场之初,海底捞创始人张勇曾经考虑,酸菜鱼口味的锅底可能不会被美国人接受,美甲服务不太可能得到美国食品安全监管机构的批准,提供热毛巾、让员工跳"捞面舞"等服务的成本在美国肯定会更高。这些考虑,就是分别从文化、行政和经济距离这些维度出发的。

第二部分

出海新模型:
路径、时机、数字化底盘

第三章 出海的路径选择

> 条条大路通罗马。

随着汽笛的一声长鸣，一条接驳船满载成千上万件空调、冰箱缓缓驶离佛山北滘港码头。运至蛇口港后，这批货将通过国际货轮出海，目的地是阿联酋、阿根廷等国家。随着北半球进入夏季，空调、冰箱等"清凉电器"开始走俏。2024年4月以来，这类清凉电器的出口量明显增多，平均每天有700个集装箱从北滘港出发。

这是订单出口模式的出海，也是本书第一章提到的开放观海阶段，即蹒跚学步的中国企业最初始阶段的全球化。直到今天，这种模式一直是中国制造触达世界各个角落的一种方式。订单模式下的出海，需要全球化战略吗？

在疯狂赶海的阶段，中国制造、世界工厂的崛起，其背后的支撑力量是无数贴牌的中小企业。比如，2006年之前，微波炉制造商格兰仕贴牌的海外知名品牌已超过

80个。短短几年时间，格兰仕几乎成为微波炉的代名词。温州是名副其实的打火机的世界生产基地，占据世界市场70%的份额，但是却主要以订单、来样、定牌和贴牌模式进行生产，注册自己品牌的企业不到10%。2004年，中国服装出口量居世界第一，但其中约有50%是贴牌的，约40%出口给外国中间商。贴牌模式下的出海，需要全球化战略吗？

漫步韩国首尔街头，几乎三五步就有一家咖啡茶饮店，来自中国的蜜雪冰城、茶百道也零零星星地散落其中。都是中国茶饮品牌，都选择了出海，出海的目的地都选择了韩国首尔，这是不是意味着它们的进入模式都是一样的呢？

通过第二章的论述，我们可以得出这样的结论，无论是订单出口下的出海，还是贴牌类的出海，虽然都是企业全球化的一种方式，但它们在战略层面的规划和设计相对简单。它们都是依赖订单配置生产能力，强调的是运营生产的管理能力。本章所阐述的模式，完全不同于上述两种模式，是需要全面的战略支撑的。比如，中国茶饮品牌出海，表面上看似乎没什么不同，但在进入模式上呈现出明显的不同之处。

在第一章回顾了中国企业全球化的历程之后，我们用第二章回答了如何选择出海的目的地，用PEST模型、CAGE距离模型和钻石模型帮助企业家解决去哪里出海的问题，本章，我们将讨论出海过程中战略落地的关键一环：进入模式。

简单来说，企业出海的进入模式大致包括：以特许经营等为手段进入目的地的授权模式，以兼并收购作为敲门砖进入市场的资本模式，合资以及新建全资子公司的在地模式，详见图3-1。按排列顺序，这些模式的难度、成本和风险逐级提高，但控制权逐步扩大，潜在回报越来越高。

进入全球市场：进入模式的选择

进入模式	特点
出口	高成本，低控制
特许经营	低成本，低风险，几乎无控制，低回报
战略联盟	成本分担，资源共享，共担风险，整合问题
收购	快速入市，高风险，谈判复杂，当地整合
新建全资子公司	复杂，成本高，时间长，高风险，最大控制，潜在高回报

图3-1　进入模式

资料来源：迈克尔·希特，R.杜安·爱尔兰，罗伯特·霍斯基森著，《战略管理：概念与案例（第十二版）》。

首先，从投资的角度入手，本章我们以新茶饮行业为样本，着重讨论轻模式和重模式的路径选择；在收购模式讨论中，我们以福耀玻璃为样本，着重讨论如何妥善处理与工会的关系。其次，对于对外投资模式，我们介绍绿地投资和棕地投资两种落地模式。再次，我们以小米如何进入欧洲市场来阐述如何规划匹配的进入战略。最后，我们以一个轻松有趣的双童吸管的出海故事为样本，讨论隐形冠军的出海战略，并为下一章嵌入全球价值链做铺垫。

轻模式 vs 重模式：新茶饮样本

从财务意义上讲，分析企业的经营性资产时，如果其固定资产占比较高，流动性偏弱，周转速度相对较慢，其就称为重资产企业，反之，就是轻资产企业。在出海场景下，我们则从投资角度来考察。随着海外投资规模的增加，不少企业逐步从"有海外业务、无海外直接投资"的轻模式转向"有中国根基的全球企业、有海外直接投资"的重模式。

2022年中国知名新茶饮品牌茶颜悦色，因为在韩国被留学生抢注成为韩国商标，引发了人们对韩国新消费市场的关注。

一直以来，韩国是重要的咖啡消费大国。全球信息咨询企业欧睿的数据显示，2023年韩国人均咖啡消费量达到405杯，是全世界平均值132杯的3倍多。人口约

5 100万的韩国，有10万多家咖啡厅，却只有2 000多家茶饮店，这对拥有3万家门店的蜜雪冰城、7 000多家门店的茶百道、3 000多家门店的喜茶来说，产生了难以抵御的诱惑。对它们来说，如果从中分得3%~5%的市场份额，就是一个巨大的市场机遇，更不用说还可以带动整个东南亚市场。因此，几乎所有的中国茶饮品牌都瞄准了韩国的饮品市场。

概括地说，新茶饮品牌进入目的地国家的策略，可以分成三种。第一种是轻模式，即特许经营模式下的连锁加盟。比如蜜雪冰城。蜜雪冰城在成都设立亚洲总部，利用国际班列出口产品。虽然是以连锁加盟的形式进入市场，但确定出海战略之后，蜜雪冰城迅速在全球建设生产基地，保障原材料的稳定出口，并在当地设立子公司和合资公司，以进一步降低成本，确保企业核心优势在海外市场的一致性。因此，它表面上采用轻资产的特许经营模式，但实际上仍然有投资来支撑进入模式。第二种是重模式，即成立全资子公司，以直营店的模式进入。比如喜茶、奈雪的茶。第三种则是介于这两者之间，即在当地先开直营门店，探索出一个成熟的单店模式之后，再选择在当地开放连锁加盟。比如，在韩国首尔开设首家海外门店的茶百道就采用了这种进入模式。

所谓特许经营模式，就是特许经营商将其专利和专有技术这类知识产权出售，并收取一定的提成费用。这种模式不需要企业承担在海外经营的所有成本和风险，回报一般不会太高，但扩张速度却有可能创造纪录。比如，从2018年蜜雪冰城第一家海外门店落子越南之后，截至2023年4月，蜜雪冰城在越南的门店总数达到了1 000家，成为越南最大的饮料连锁店。截至2024年4月，蜜雪冰城的海外门店数量已近5 000家，其中绝大部分是连锁加盟店。在市场需求明确的东南亚市场，蜜雪冰城要求加盟商在30天内找到新店地址，实现快速扩张。

作为对比，2018年，以直营店模式运营的喜茶在拿到B轮融资时，就曾宣布外卖和出海为两大业务重点，并且在新加坡开了首家海外门店。从2018年进入新加坡至2023年10月，喜茶在当地仅开设了5家门店。可见，采取不同的进入模式，企业在获得市场份额的进程中会产生巨大的差异。当然，虽然蜜雪冰城在越南相对成功，但在市场需求不稳定、成本较高的日韩和大洋洲地区，截至2023年6月，蜜雪冰城的门店数量仍维持在个位数的水平。

2022年墨腾创投发布的报告显示，东南亚地区新茶饮每年的消费额可高达36.6亿美元。中国新茶饮品牌在东南亚摸爬滚打了几年，之后日本、澳大利亚相继成为中国新茶饮品牌出海的主要目的地。不仅新茶饮品牌，大量中餐品牌出海也选择连锁加盟的模式。2023年，"鱼你在一起"以连锁加盟的方式进入纽约、迪拜等地；正新鸡排通过海外签约新增34家门店，其中日本东京新店开业当天的营业额超1.5万元。弗若斯特沙利文公司预测，到2026年，海外中式餐饮市场规模有望达到近3万亿元，仅火锅品类就有望超过2 000亿元。

采取何种模式进入海外市场，实际上是企业规划在海外市场投入多少资源、实现多大规模的一种决策。需要特别指出的是，轻与重不是两种对立的运营方式，而是相辅相成、因时而变的。即使是同一家企业，面对不同的业务需求，也可以灵活采取不同模式，比如：在拓展项目上更多采用轻模式，以提升品牌影响力和减少负债；在具有价值潜力的项目上采用重模式，以额外获取增值收益。重模式或轻模式，是企业根据不同发展环境及自身战略定位做出的理性选择，它们并不存在孰优孰劣之分，而轻重之间的转换也只是源于企业出海时的顺势而为。

战略联盟：正正可能得负

如果企业采用建立战略联盟模式，比如中国企业在海外与目的地所在国企业成立合资企业，好处在于联盟企业可以分享彼此的资源和技术专长，通过集中采购和生产，获得更好的交易条件和更高的生产效率，同时分担风险和成本。在市场拓展方面，企业可以通过战略联盟进入新的市场，获得新的客户群体和分销渠道，增加销售额和市场份额。在技术与创新方面，成立战略联盟有助于企业获取先进技术和创新能力，促进共同的技术进步和产品创新。战略联盟相较于并购等方式，更加灵活，能够快速适应市场变化和消费者需求。

成立战略联盟的劣势在于不同企业的文化、价值观和管理方式可能存在差异，这可能导致合作中的沟通和协调问题，而且战略联盟需要有效的管理机制来协调各方的利益和行动，这无疑增加了管理的复杂性和运营成本。特别是，当合作伙伴之间存在利益冲突时，可能导致合作关系的紧张甚至联盟解散。更麻烦的是，合作伙伴可能成为未来的竞争对手，这可能会增加合作伙伴对合作方优势领域的威胁。

由于缺少核心技术，1994年的福耀玻璃增长乏力，而法国圣戈班作为全球第三大汽车玻璃企业，正积极筹划进入中国。经过两年谈判之后，双方于1996年达成协议：圣戈班投入1 530万美元，与福耀玻璃成立合资公司，法方控股51%，福耀玻璃占股49%。

合资第一年，双方就在开拓美国市场的策略方面发生了冲突。曹德旺对美国市场志在必得，而圣戈班在北美有自己的工厂。圣戈班在全世界拥有300多家合资公司，福耀玻璃只是其中之一，只是圣戈班借道进入中国市场的一个大型生产基地。如果支持福耀玻璃海外扩张，无异于给自己在全球各地培养一个新竞争对手。于是，圣戈班用逐渐抬高福耀玻璃出口产品定价的方式，制约其海外发展。

1998年福耀玻璃第一次出现亏损，于是退出与福耀玻璃的合作提上了圣戈班的议事日程。1999年春，曹德旺与福耀集团出资3 000万美元，回购了圣戈班手中所有的股权。同时，曹德旺与圣戈班约法三章，圣戈班5年内不得进入中国市场，这为福耀玻璃的发展赢得了空间和时间。虽然3年合资以分手告终，但与世界一流企业合作，令福耀玻璃的产品质量和工艺水平大大提高，治理结构和财务制度更加健全，在经营管理上迅速与国际接轨。

再比如TCL并购阿尔卡特，双方共注资1亿欧元成立合资公司，这是中国手机行业在21世纪初最大的跨国并购案例。在当时，低成本的中国制造商和具有全球地位的品牌合为一体，被认为开辟了一个新的整合时期。但是，正正不一定得正，强强联合不一定更强。成立9个月之后，双方就宣布解散合资公司。虽然对外公开的解释是无法在严酷的市场状况下停止亏损，但背后还有更复杂的原因，比如从惠州选派管理层空降到阿尔卡特，强制推行 TCL 文化。阿尔卡特强调人性化管理，员工在一种宽松而备受尊敬的环境中工作，而 TCL 的管理方式近乎军事化，提倡奉献精神，让原阿尔卡特员工无法适应。TCL 集团董事会主席李东生曾抱怨，法国同事在周末期间拒接中国同事的电话，而法国方面管理人员则埋怨天天工作，毫不放松。在销售方式上，阿尔卡特采用的是分销模式，而 TCL 改用在中国擅长的直销模式。随着团队文化冲突的加剧，人才大量流失，再加上业务整合的失败，合资公司的经营状况迅速恶化，出现巨额亏损。为此，TCL 付出了巨额学费。

并购模式：学会和鳄鱼相处

企业选择进入模式，必然要从国家（或地区）、行业和公司战略三个层面进行考量。中国企业凭借经验一般会采取渐进的模式，即先选择产品出口。涉及渠道战略的出口是最基本的进入模式，好处是企业既能够发挥国内集中生产所带来的规模效应，又能够扩大海外销售渠道。但是，不少企业采用通过分销商出口到国外的间接方式，分销商会利用信息不对称垄断海外市场销售渠道，从而使企业难以获得真实的销售情况和海外客户对产品的反馈。这时候，战略出海就需要提上议事日程，但即使决心容易下，交学费也是不可避免的。

20世纪80年代，曹德旺创办福耀玻璃厂。建厂两年之后，曹德旺第一次试水海外。首站选择了新加坡，因为不了解当地市场，竟然一块玻璃也没有卖出去。在朋友的建议下，曹德旺改变直销的思路，开始寻找代理商，以分销的方式进入海外市场。

这种方式让曹德旺尝到了甜头。直到20世纪90年代，他来到美国，发现自己以30美元的价格向美国出口的玻璃，一级经销商就能够以60美元的价格卖给二级经销商，最终在商店中以200美元的价格销售给终端消费者。看到这一幕，曹德旺作为商人精明的一面不可抑制地迸发出来：既然大量的利润被美国经销商收入囊中，而且经销商们在很多方面还处处压制曹德旺，为什么不直接进入这个市场？于是，曹德旺决定在美国建仓库，直接向美国市场出售玻璃。

没想到，1996年仓库建成，但企业却在接下来的两年中连续亏损，损失累计达千万美元。背后的原因是，美国的汽车玻璃市场等级森严，几个一级经销商巨头控制着整个市场。一番市场调研之后，曹德旺对渠道模式进行调整，关闭仓库，越过一级经销商，笼络起分散的二级经销商，以 50 美元的价格直接向二级经销商发货，与包括美国 PPG 工业集团在内的四大玻璃巨头正面交锋。调整销售模式之后，福耀美国公司扭亏为盈，在美国的市场份额攀升到 12.5%。

可见，对制造业企业来说，进入模式的第一重考虑是对渠道的控制能力。没有独特的渠道战略，进入模式就无法得到支撑。如果渠道战略无法配合进入模式并使企业发挥自身的竞争优势，那就不是成功的渠道战略。只有当精心构思的渠道战略既具有可操作性，又可以让企业的竞争优势得以在市场上充分展现，才能助力企业成功进入目的地国家的市场。

为了追求出海的效率，企业还可以采用收购兼并的方式。海外并购帮助企业直接获取先进技术和成熟供应链、销售渠道，完善产业链上下游布局，拓展业务范畴，可使企业快速切入海外市场。但由于面临双方团队、业务融合及被收购公司有效控制等问题，如何实现"1+1＞2"是海外并购企业需要应对的挑战。

关于中国企业海外并购的经验和教训，已经有大量的案例和分析见诸报端。我们想从如何妥善处理与工会的关系入手，帮助企业家厘清跨国并购在制度层面的差异。

工会制度在发达市场经济国家已经非常成熟。以美国为例，从总体来看，工会制度给工会会员、非工会会员、雇主带来的收益，大于他们为工会制度支付的成本。也就是说，工会制度对国家和社会是有积极作用的。工会制度能够在美国存在和发展200多年，原因也正在于此。和中国工会相比，美国工会作风强势，有时甚至会干扰企业的正常运行。很多初涉美国市场的中国企业家，都对工会制度不以为意。第一次体会到工会制度的威力之后，曹德旺也曾拂袖而去。但对工会制度认识的转变，最终成就了福耀玻璃征战全球的辉煌。

2005年左右，曹德旺曾考虑收购底特律的一家玻璃制造商。和管理层见面的时候，会议室里的座次令他感到非常诧异。他坐在长条桌的桌首，两侧一边是管理层，一边是工会代表，而且一一对应。这边是生产部的高管，对面就是工会生产部的代表；这边是财务部的负责人，对面就是工会财务部的代表。这样开了一下午会之后，曹德旺打消了收购的念头。但对汽车玻璃制造商来说，美国市场是必须进入的，而收购则是最有效的方式。因此，在工会制度下经营是曹德旺避不开的一个挑战。

2014年，福耀玻璃收购了美国PPG工业集团旗下位于伊利诺伊州的芒山工厂，工会制度再次成为一块绊脚石。在福耀玻璃进驻之前，芒山工厂的工会已经和PPG打了5年官司，一直没有结果。当时PPG开出来的条件是，福耀玻璃进来后可以解散工会，PPG负责赔偿。这本来是帮助曹德旺做好善后事宜，但曹德旺对工会制度的理解已经发生彻底的改变。他认为解散工会"不是得罪几个美国人，而是得罪了整个美国"。

工会也需要生存。一旦双方建立共同的目标，工会和雇主也可以和谐共生。曹德旺否决了解散工会的建议，他告诉对方自己的想法是"只要求我们之间精诚合作，把这个项目做好"。曹德旺后来解释说："这就像你去东南亚的热带雨林，那边有鳄鱼会吃人，但是当地人也能和它和平相处。所以只要你去了解它的食性和规律，创造条件去适应就行了。"时至今日，芒山工厂的工会一直和管理方相处得很好。

最后一种进入模式是新建全资子公司，即跨国公司在东道国建立自己的子公司。这种新建全资子公司的模式，最大的好处就是"完全内部化"，跨国公司能够实现对投资项目的完全控制，从而收获全部的潜在回报。问题在于，这种方式切入市场速度相对较慢，不仅流程复杂、耗时长、成本高、风险高，而且由于完全依靠自身，对企业人员配置、经验、运营能力均提出了较高要求。这除了有经济风险，还有政治风险。比如，部分中国企业在墨西哥建厂的投资深陷泥潭。因此，这种新建全资子公司的进入模式被认为是难度最高的。

绿地与棕地：战略意图与政策约束

有了以上对进入模式较为系统的阐述，就很好理解对外直接投资领域经常会遇到的一对概念：绿地投资和棕地投资。

"绿地投资"是"greenfield investment"的中文直译。在建筑工程领域，"greenfield"原指未经开发的土地，与之相对的是"brownfield"，指的是已有建筑物且需要二次开发的地方。然而，在跨境投资的语境中，绿地投资指的是外国投资者在目的地国新建立全资子公司或合资企业。相对应地，棕地投资则指的是外国投资者并购或收购目的地国的企业，这也就是我们常说的跨国并购。

结合之前提到的全球化语境下的轻模式（无海外直接投资）和重模式（有海外直接投资）这一对概念，企业出海模式可以用图3-2来表示。

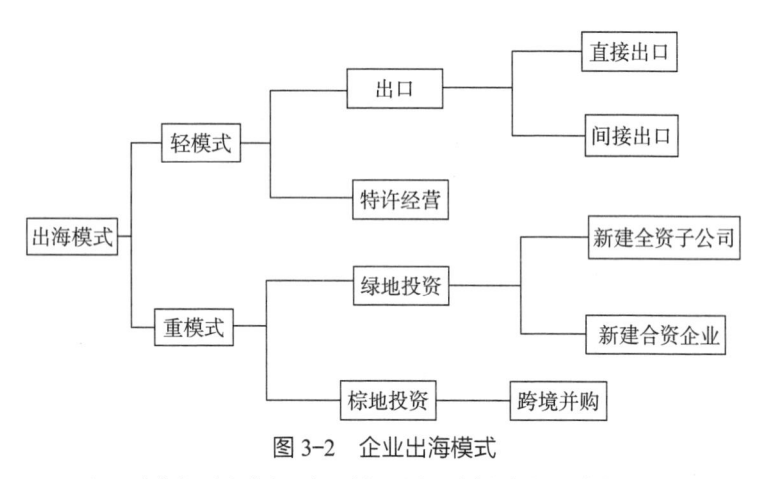

```
                                        ┌─── 直接出口
                          ┌─── 出口 ────┤
              ┌─ 轻模式 ──┤              └─── 间接出口
              │           │
              │           └─── 特许经营
出海模式 ─────┤
              │                          ┌─── 新建全资子公司
              │           ┌─ 绿地投资 ──┤
              └─ 重模式 ──┤              └─── 新建合资企业
                          │
                          └─ 棕地投资 ─── 跨境并购
```

图3-2 企业出海模式

注：1. 直接出口与间接出口的区别是，后者通过中间商出口；本章暂未将电商平台纳入。
2. 棕地投资主要为跨境并购。
资料来源：作者根据相关文献和理论总结而成。

然而，企业出海模式的选择，并非完全依靠自己的战略意图，或者根据企业自身业务情况做出成本收益分析就万事大吉了，还要受到目的地国投资政策的影响。这是因为目的地国政府一般会根据自己国家的产业政策或者政治外交政策的需要，对外商直接投资做出规定。以中国为例，商务部和其他相关部门会根据各种条件的变化，颁布和更新《外商投资产业指导目录》。该目录明确规定了哪些产业是禁止、限制和允许外商投资的，以及外商在所投企业所占的股权比重。

与此相关的就是所谓的负面清单制度，即一种对外资许诺开放的反向方式。举例来说，对于负面清单中列明的限制和禁止外资投资的行业和业务，是不给予外资以准入前国民待遇的；对于未列入负面清单的行业和业务，则内外资被一视同仁，即便都需要经过特殊审批程序（如医疗、金融等特许经营行业）。

2017—2021 年，中国已连续 5 年修订外资准入负面清单。到 2021 年，全国和自贸试验区的外资准入负面清单的限制措施已经减少到 31 条和 27 条。在种业、汽车船舶和飞机制造、证券、银行、保险、职业培训等多个行业和领域，中国已取消或放宽了外资股比限制，为外国投资者创造了更多的市场机会。

在汽车制造领域，中国最初对外资股比采取限制措施是为了保护本国的汽车工业。1994 年，当中国的汽车工业还处于起步阶段时，中国发布了《中国汽车产业政策》，规定外资车企最多只能与两家国内车企合资，且在合资企业中的股比不得超过 50%。然而，该政策在不断发展变化。比如，特斯拉第一个海外超级工厂于 2019 年 1 月 7 日在上海临港产业区正式开工建设，这是第一个获批在中国独资建厂的外资车企。至今，汽车行业对于外资持股比例的限制已全面取消。

提到国家对外商投资的审查，就不得不提美国外国投资委员会（Committee on Foreign Investment in the United States，简称 CFIUS）了。CFIUS 是一个由美国政府多个部门组成的委员会，其主要职责是审查外国投资并决定是否给予批准。该委员会的成员包括国防部、国务院、财政部、商务部等部门。CFIUS 的核心任务是评估外国投资可能对美国国家安全产生的潜在影响，并在必要时提出建议，以维护美国的国家安全和经济利益。在美国，外国投资审查的覆盖范围非常广，包括国防、能源、通信、交通、金融等许多关键领域。所有涉及这些领域的外国投资都可能受到 CFIUS 的审查。CFIUS 审查的焦点是那些可能对美国国家安全构成威胁的投资，如涉及敏感技术、军事装备、关键基础设施等的投资。

对于中国公司而言，只要涉及对美国公司的收购，CFIUS 的审查就像一把悬在头顶的利剑，其中最知名的例子便是华为。据公开报道，华为在 2008 年曾与贝恩资本尝试联合收购美国网络设备制造商 3Com，但在受到 CFIUS 的干预后，撤销了对 3Com 的收购计划。2010 年，华为购买了美国旧金山湾区技术开发商 3Leaf Systems 的专利技术，但这笔交易再次被 CFIUS 视为"威胁美国安全"，华为最终在 2011 年撤销了该交易。从那时起，包括三一重工、复星集团、蚂蚁金服在内的许多中国公司的美国收购计划都曾受到 CFIUS 的直接干预。中资收购案常年居 CFIUS 调查名单前五名，被审查俨然成为中国企业出海的常态。

进入模式：小米如何攻克欧洲市场

随着中国企业对海外市场的探索逐渐深入，人们开始意识到，区域内不同国家之间的差异比想象中更大。同属欧洲市场，德国、挪威、西班牙等国的情况不尽相同。以小米为例，大家一致认为，小米将性价比的优势带到了全世界，但其实，小米的出海策略并非单纯依赖性价比，而是针对不同国家和地区制定不同的进入策略。虽然小米在印度市场是以性价比超过三星稳居第一，但是对于欧洲这个小米最大的出海市场，针对不同的地区比如西欧和东欧，小米则采用了不同的进入策略。

2017 年底，小米试水西班牙，2018 年陆续进入意大利、法国，欧洲战略开始深化。2020 年，在德国设立西欧总部。同其他竞争对手相比，小米在欧洲布局相对较晚。从一开始，它便确立了全渠道战略，线上线下全面铺开。但数据显示，在欧洲手机零售市场，运营商渠道占比约达 50%，其他线下渠道约占 40%，而线上渠道仅约占 10%。运营商之所以占据半壁江山，主要原因是运营商高额补贴带来的优惠价格，令消费者难以拒绝。大卖场模式的销售渠道在整个欧洲市场占比也保持在40%以上。认识到运营商对手机销售的巨大作用，2018年，小米和李嘉诚旗下的长江和记实业有限公司展开合作，后者在欧洲电信市场的地位可与国内三大运营商媲美，这为小米进入北欧、西欧市场铺平了道路。

相比西欧市场，东欧和中欧市场的消费模式和渠道销售结构迥然不同。GFK公司在2018年前后的一份分析数据显示，西欧市场智能手机的平均销售单价为446.7美元，是除北美之外价格水平最高的市场。而东欧和中欧市场平均销售单价为249美元，低于中国的335美元。因此，对于东欧市场，小米采用性价比策略。当小米集团进军东欧的波兰市场时，基于这一洞察，小米迅速采取行动，与当地知名的两家分销商ABC Data和Ingram Micro建立了战略合作伙伴关系，以更好地满足当地市场的需求。

耕耘欧洲市场3年之后，小米欧洲市场的差异化策略终于显露锋芒。2021年第二季度，小米手机在中西欧市场稳居前三，在中东欧市场连续三个季度市场占有率保持第一，欧洲市场出货量1 270万台，以25%的占比排名第一，这是国产智能手机品牌第一次力压三星、苹果，登顶欧洲市场。欧洲市场的1 270万台出货量占小米全球出货量的 24%，占其海外出货量的三分之一。

隐形冠军：双童吸管的故事

"隐形冠军"是由著名管理学家赫尔曼·西蒙（Hermann Simon）教授提出的。西蒙于 1990 年和 1992 年分别在《企业管理学》和《哈佛商业评论》中将"隐形冠军"的概念引入企业界与学术界。

隐形冠军企业从规模上讲为中小型企业，市场份额却稳居世界前列，业务范围辐射全球。特别需要强调的是，它们并不是仅专注国内市场的典型小型企业，而是开展全球业务的企业。这些企业往往掌握了独特的核心技术、关键部件或特殊材料，在产业链内部拥有绝对话语权。

赫尔曼·西蒙曾经来到中国，参加与隐形冠军相关的研讨。中小企业如何成为隐形冠军？他认为，专注、国际化经营与创新，是成就隐形冠军的三大支柱。隐形冠军的成功要点首先在于，要有拔得头筹的雄心。他举例说，全球知名油锯品牌斯蒂尔提出，"要么做到最好，要么就别做"；可伸缩牵引绳的领军企业福莱希则表示，"我们只做一件事，但是比别人做得都好"。

专业化经营导致市场变窄，所以出海便成为不二之选。这就是隐形冠军出海的底层逻辑。

隐形冠军企业和独角兽企业不太一样。独角兽强调的是成长速度快，被资本市场认可，享受很高的估值；隐形冠军强调的是在某一细分领域具有牢固的市场地位。后者的存在时间通常更长，经历了市场的起落而屹立不倒。

改革开放以来，已有一批嵌入全球价值链的本土中小供应商，通过一系列举措来快速提升工艺水平和定制化研发能力，不仅摆脱了发展早期所处的微利化、低价值、经营风险较高的"被俘获"窘境，而且在特定国际细分市场中成长为拥有持续性竞争优势的隐形冠军企业。例如，带领企业从义乌小商品大潮中走向国际市场的"吸管大王"楼仲平。1995年，他在义乌创立双童品牌，凭着每根吸管0.0008元的利润将企业做到全球的行业第一，双童成了行业隐形冠军。

楼仲平选择全球化之路，还是拜互联网所赐。1994年，互联网进入中国。1997年，各地政府开始推广互联网。当时义乌有100个拨号上网的名额，楼仲平所在的乡镇分到了5个。乡镇政府企业办主任知道楼仲平会用电脑打字，就打电话说："现在有样东西可以跟全球客户联系，你应该用得到。乡政府有几个名额，你要不要来看一下？"

楼仲平虽然对互联网一无所知，但是一听它能联系上全球客户，顿时萌生了兴致。一番考量之后，对全球市场的向往促使他下决心"触网"。楼仲平自掏腰包，斥资3万多元，在乡政府到他的工厂2公里多的路上，沿途竖起9根水泥电话杆，将网络接到厂里，实现拨号上网。

1997年，楼仲平到杭州做了一个静态网站，页面简陋得像一页白纸，但它却成为双童打开国际市场的一个窗口。楼仲平由此找到了第一位海外客户——一位美籍日本人，通过这个客户，双童吸管走向美国、日本，开始全球化。

1998年，双童的第一个货柜发往美国。不到一年，沃尔玛等大买家的订单便纷至沓来。每年，双童的营业额都会翻几番，这种爆炸式的增长很快把双童推到了全球头部企业的位置。2002年，业务高峰时期，美国5家大客户占据双童百分之八九十的营业额。其实，隐形冠军企业之所以"隐形"，并不是因为它们在刻意回避公众，而是因为它们当中有超过三分之二的企业长期专注于B2B（企业对企业）领域，为全球大型制造商提供中间产品或配套服务。

好景不长。2003年起，全球吸管产能过剩，美国市场大客户不断压价，双童的盈利空间被压缩殆尽。楼仲平对美国市场萌生退意，这时候，互联网又起到了重要作用。

在美国订单逐渐减少、双童不得不放弃利润单薄的美国大客户之际，在互联网平台的帮助下，楼仲平选择服务日本、欧洲多国以及中国高端市场的众多中小客户。这些客户虽然单个采购量不大，但随着客户增多，逐渐弥补了美国市场的损失。2006年前后，双童虽然完全退出了美国市场，但已经积累了全球3万多家中小客户，这些中小客户也有大客户不具备的好处，比如缩短了账期，使双童的议价能力更强，随之而来的是利润率上升，现金流问题得到解决。另外，正是这些客户的个性化需求，倒逼双童不断创新，如今双童已经占据全球产业链顶端，年产值达3亿元，全球市场份额约占四分之一。

据统计，隐形冠军的研发投入为行业平均水平的2倍左右，拥有的专利数量为行业均值的5倍还多。双童也是如此。吸管被称为"世界上最难做的产品"，之所以这么说，是因为吸管是一款免费的产品，越是免费的，就越难以形成竞争力。从2005年开始，双童开始获得全球专利，次年加大创新力度，短短三四年掌握了全球三分之二的吸管专利。比如帮助解决小孩吃药难题的哈哈吸管，这个吸管中间有个溶解腔，可以在腔内放入药粉和糖块，在小孩不哭闹的情况下成功喂药。像玩具一样带有卡通人物的吸管，吸起来会发光的吸管，它们都让喝水成为孩子们的乐趣。目前，双童这种"奇异"吸管的品种达30多种，双童已成为全球创新能力最强的吸管生产基地。

2013年，巴西一家客户找到楼仲平，为了抓住2014年巴西世界杯的风口，希望双童做一款足球吸管。当巴西老板看到展厅内一款空心小排球套在吸管上的产品后，当即下单20个货柜。新产品只需要将排球换成足球，净利润就接近900万元，而一个货柜的普通饮料吸管的净利润不过几千元。此后几年间，创新产品对利润的贡献超过60%。吸管，看似是"低小散弱"的产业，楼仲平却用30年时间，只钻研吸管。

双童的故事，生动展现了隐形冠军理念的实现。隐形冠军企业在全球价值链中是一种独特的存在。给企业家讲课时，楼仲平曾经这样说："你们不要担心自己的产品市场太小，再小能小过吸管吗？"虽然这些社会知名度很低的中小企业不刷存在感，但在国际市场上它们占据绝大部分份额。它们以追求独门技艺并领先行业为发展目标，在一个细分领域内精耕细作，逐渐获取全球行业的领先地位。

2016年前后，面临全球此起彼伏的禁塑令，吸管使用量不断下滑，同时创新产品的红利期退潮，可挖掘的创新空间几乎没有了，企业做到了天花板。更具体来说，面对持续两三年的产值下降、利润下降"双下滑"局面，楼仲平又重新回到了对商业模式的思考。

如果从全球产业生态的角度来分析，随着经济全球化的深化，专业化分工的高度发展使得产品价值链被无限细分。在新的国际分工体系下，一个国家的比较优势不再仅仅体现为一个具体的产业或行业，而更多的是在整个价值创造链条上某一环节或工序上组织要素投入和生产的能力。甚至有人评价，那些隐形冠军企业才是支撑中国制造强国真正的中流砥柱。

第四章　嵌入全球价值链：
果链的悲喜与外迁

> 每一个企业所遭遇的所有的战略转折点，都会伴随着某种 10 倍速的变化。
> ——英特尔公司前 CEO
> 安迪·格鲁夫

一架波音飞机由超过 300 万个零件组成，这背后是波音庞大的全球运营系统。超过 150 000 名员工在超过 65 个国家和地区工作，更不用说为全球波音供应商工作的数十万人了。

2022 年，由于新冠疫情的影响，苹果手机供应链受到冲击，缺货直接导致苹果在黑色星期五的销售额损失 15 亿美元。欧美三分之一的零售店都经历了新款苹果手机 iPhone 14 Pro 缺货的痛苦，中国销量同比下降超过 30%。苹果的股价在 2022 年下跌了 29%。

不管是庞大的波音飞机还是精巧的苹果手机，它们背后都有一个巨大的全球价值链（global value chain，GVC）。全球价值链这一概念是由"全球"和"价值链"两部分组成的。1985 年，哈佛大学商学院教授迈克尔·波特在《竞争优势》一书中指出："每一个企业都是在设计、生产、销售、发送和辅助其产品的过程中进行种种活动的集合体。所有这些活动可以用一个价值链来表明。"企业的价值创造是通过一系列活动完成的，这些互不相同但又相互关联的生产经营活动，构成了一个创造价值的动态过程，即价值链。

1992 年，宏碁集团创办人施振荣先生提出了著名的"微笑曲线"（smiling curve）理论，并将其作为宏碁的策略方向。微笑曲线分为三段：左段代表研发、技术和专利，中段代表组装和制造，右段代表营销、品牌和服务。曲线的形状象征附加价值，显示出中段的附加价值较低，而左右两段的附加价值较高。因此，提升企业的附加价值，不应停留在组装和制造阶段，而应向技术、专利，或品牌、服务方向发展。

进入 21 世纪，世界经济发生了显著变化，其中最重要的变化之一是生产全球化。这重新定义了跨国企业的边界以及全球供应商-买方关系，催生了全球价值链这个概念。2000 年 9 月，一群研究价值链的学者在意大利贝拉焦的洛克菲勒基金会会议中心聚集，讨论全球价值链的形成过程。2001 年，杜克大学的加里·杰里菲（Gary Gereffi）及其他研究者在《发展研究所公报》（*IDS Bulletin*）杂志上推出了特刊《价值链的价值》（*The Value of Value*

Chains），从价值链的角度分析了全球化过程，认为全球价值链的形成过程也是企业不断参与价值链并获得必要技术能力和服务支持的过程。这份特刊在全球价值链研究中起到了里程碑式的作用。

经济合作与发展组织（OECD）估计，大约70%的国际贸易涉及全球价值链，因为服务、原材料、零部件和组件经常跨越国界——通常是多次跨越。随着设计、生产、营销、分销等的国际分散化，一个显著的趋势是价值链活动增多。

全球价值链的驱动力来自生产者和采购者两方面。生产者驱动是指由生产者投资来推动市场需求，形成全球生产供应链的垂直分工体系。生产者可以是拥有技术优势、谋求市场扩张的跨国公司，也可以是力图推动地方经济发展、建立自主工业体系的本国政府。资本和技术密集型产业，如汽车、飞机、计算机、半导体和装备制造等，大多属于生产者驱动型价值链。

采购者驱动是指拥有强大品牌优势和国内销售渠道的经济体，通过全球采购和贴牌加工等生产方式组织起跨国商品流通网络，形成强大的市场需求，以拉动那些奉行出口导向战略的发展中国家的工业化。传统的劳动密集型产业，如服装、鞋类、玩具、自行车、农产品、家具、食品、陶瓷等，大多属于采购者驱动型价值链。

以耐克为例，其全球价值链配置呈喇叭形。耐克的产出地理分布与其投入和工厂的分布非常不同。

全球价值链的治理结构可归纳为层级型（hierarchy）、俘获型（captive）、关系型（relational）、模块型（modular）和市场型（market）五种主要模式。这些模式在市场协调的紧密程度和权力分布的不平等程度上呈现出明显差异。例如，俘获型价值链在控制力度上虽不及层级型价值链的严格，但相对于市场型价值链则显得更为紧密。

产业升级的路径存在四种典型方式：第一是工艺升级，通过优化生产系统或引入先进技术来提升效率；第二是产品升级，即转向生产更复杂的产品；第三是功能升级，通过增加新功能来提高整体的技术含量；第四是链条升级，这涉及整体转移到一个全新的生产链。这些升级策略不仅推动了产业的发展，也为全球价值链的治理模式提供了多样化的选择。

全球价值链嵌入是指一个国家或企业通过参与国际分工，成为全球生产网络的一部分。这种嵌入可以体现在不同的形式和程度上，如通过出口、进口、外商直接投资等方式，使企业能够利用全球资源和市场，提升自身的生产能力和竞争力。有研究者认为，发展中国家的生产者通过融入全球价值链，能够实现快速的自动升级，即从进口零配件装配，到注重整个生产过程，再到自主设计产品，最终实现销售自主品牌产品。随着企业在全球产业链中的位置提升，中国企业家更加倾向于通过整合全球资源来构建竞争优势。这种整合不仅包括物质资源，还涉及知识、技术、品牌等无形资产。

以 iPhone 为代表的苹果公司的消费电子产品，其供应链从原材料采购、零部件制造、产品组装直至最终产品销售的各个环节，是全球贸易分工和合作的缩影。苹果产业链（简称"果链"）在中国的意义在于，背靠全球最大消费市场，其爆款产品的畅销会让上下游供应商共同受益。而对苹果产业链的分析，揭示了全球分工的精细程度以及各地区和企业在其中扮演的商业角色，有利于中国企业进一步了解苹果产业链上企业出海战略的来龙去脉。

赛马机制：挑选供应商

苹果（一般被称为"链主"）对供应链的管理以严苛著称。供应商要经过苹果严格而漫长的审核，压低价格也是家常便饭。苹果对供应商采用"赛马机制"，即同一产品选择多个代工厂竞争上岗。供应商在获得巨大订单的同时，也随时面临着被踢出苹果产业链的风险。而一旦获得了苹果的认可，就相当于跑赢了同行，从而能够获得更广泛的市场认可。

苹果首次披露其供应商名单是在2012年，当年中国供应商仅占8家。2021年5月底，苹果更新了其2020年前200名供应商名单，来自中国的供应商达到了创纪录的51家。近10年过去，这一数字增长了5倍多，中国供应商数量占比升至约26%。即便在中美关系紧张的背景下，来自中国的供应商数量仍在不断增长。

对于苹果平板电脑（iPad）和智能手机的供应，苹果只负责其中的产品设计和芯片设计，其余环节都交给供应链来实施。苹果与供应链企业的合作，其深度是超乎想象的。播客节目LatePost披露，苹果每年将63%的硬件收入用于采购零件、造出产品，另将超过13%的收入用于研发新技术、采购生产设备，只有小部分开支用来打广告、分销产品。2022年，苹果花了大约263亿美元用来研发，花了约107亿美元用来定制采购生产设备。

更重要的是，苹果撬动了供应商的力量，供应商更是以10倍于苹果的资金投入研发。据播客节目LatePost的计算，2022年，苹果的研发支出是262.51亿美元，而部分供应商的研发支出合计高达799.95亿美元；苹果的资本支出为107.08亿美元，部分供应商的资本支出合计高达2 217.62亿美元。以台积电为例，在和苹果合作的10年里，台积电研发芯片制造工艺的投入持续增加，2022年的研发投入和资本支出合计超过400亿美元，接近2020年全年营收。晶体管尺寸从4纳米缩小到3纳米，仅台积电的新投入就超过200亿美元。但另一方面，台积电的营收在这10年中也翻了两番。

歌尔的悲喜

曾经一度，歌尔股份作为苹果产业链中的头部企业而红极一时，主要向苹果供应耳机Air Pods、微型扬声器和微型麦克风等声学产品。2010年是苹果正式进入中国市场的第二年，这一年歌尔加入苹果产业链。2018年，歌尔以100%的良品率拿下苹果Air Pods 30%的代工份额，成为Air Pods全球第二大代工厂。从此，歌尔的营业额迎来爆发式增长。2021年，歌尔市值曾一度接近2 000亿元。

企业一旦加入果链，就可以分享苹果的高增长成果，甚至可以穿越行业周期，这是果链最有诱惑力的地方。比如为苹果供应OLED（有机发光二极管）面板的京东方，在加入果链的第二年，其净利润同比增长高达4倍之多。

成也果链，败也果链。2020年，苹果公司剔除了国内超过34家供应商企业，精密光电薄膜元器件制造商欧菲光位列其中。被剔除苹果供应商名单后，欧菲光年度业绩大幅下滑，而后出现亏损，直到 2024 年上半年，欧菲光才扭亏为盈。

回顾过去，伴随着苹果蓝牙耳机产品的热销，歌尔的股价涨幅逾 7 倍。但好景不长，2022 年 11 月，歌尔遭遇苹果公司的砍单。随后，歌尔的股价连续大跌。面对苹果不断调整的政策和施加的压力，歌尔股份相关业务的毛利率也不断降低。2021 年歌尔的所有产品中，智能声学整机的毛利率最低。2022 年上半年，歌尔智能声学整机的毛利率甚至不足 10%。

10 年前，"果链一哥"的地位非歌尔莫属，但现在，"果链一哥"已经风光不再，当年不太被看好的立讯精密却后来居上。2014 年，立讯精密的营收不足百亿元，歌尔的营业收入已经接近 130 亿元。但到了 2018 年，两者的地位出现逆转，两者的规模拉开差距，并且差距越来越大。2019 年，立讯精密的营业收入达到 625 亿元，歌尔则刚突破 350 亿元。2022 年，歌尔的营收历史性突破 1 000 亿元，而立讯精密则达到了 2 140 亿元。

立讯：深度绑定苹果

拿到苹果耗时 8 年、重金打造的 Vision Pro（一款头戴式"空间计算"显示设备）组装订单的既不是苹果最大代工厂富士康，也不是帮 Meta 代工 Quest 头显，孵化了 Pico（一家专注于移动虚拟现实技术与产品研发的科技公司），并在头戴设备领域有更多代工经验的歌尔股份，而是近年来与苹果合作愈发紧密的立讯精密。据报道，立讯精密最终能赢得 Vision Pro 的订单，一定程度上是因为立讯精密愿意实现苹果的各种"疯狂想法"。

与歌尔的白手起家、靠自研产品跻身果链不同，立讯是通过收购整合的方式加入果链的。为了分到果链的一杯羹，立讯展开十余起并购：通过收购昆山联滔电子成为 iPad 连接线的供应商；通过收购江苏纬创和昆山纬新，参与 iPhone 代工业务；等等。纬创之所以会把工厂卖掉，是因为通常做苹果的订单，老大才会赚钱、老二差不多能盈亏平衡、老三一般会赔钱，纬创在苹果手机组装市场一直是市场份额最小的，由于规模不够，并不赚钱，因此想要退出苹果手机组装市场。

Vision Pro 早期的生产调试是在和硕昆山工厂。为了更深入地参与 Vision Pro 的研发过程，2023 年立讯精密斥资 21 亿元收购了这家工厂 62.5% 的股权。

在歌尔和其他公司主动或被动降低对苹果依赖的情况下，立讯却一方面与苹果更深度地绑定，另一方面也着手寻找第二增长曲线。2023 年，立讯精密汽车板块的业务实现营收近百亿元。比较立讯、歌尔和其他供应商，一个反直觉的地方是，与苹果绑定越来越深的立讯得到了更快的发展，而降低对苹果依赖的公司的业绩则受到了影响。这就是果链的强大之处。

苹果的产品因为其独一无二的格调和设计，大部分零配件跟使用安卓系统的产品不通用，对果链企业而言，这意味着设备定制化程度非常高。这就是经济学所说的"企业专用性资产"。苹果产品基本上每年都会更新换代，每次换代，果链企业只能忍痛把前期设备投入当作沉没成本。虽然这样做迫使供应商强化技术壁垒，但硬币的另一面是，一旦被苹果踢出供应链，所有的前期投入就全部打水漂。在2020年被踢出果链后，欧菲光当年计提了固定资产减值损失24亿元，而历史上欧菲光的年度净利润最多也不到9亿元。就这样，苹果的供应链企业在高风险和高回报之间生死徘徊。

2024年3月，苹果CEO（首席执行官）蒂姆·库克现身位于上海的苹果中国总部。在现场为库克展示所生产的Vision Pro前盖玻璃时，蓝思科技董事长周群飞告诉库克："这是我从业35年以来最难做的一款产品。"蓝思科技2006年成为果链的一员，为初代苹果生产玻璃防护屏。现在，它为iPhone等多种产品生产玻璃、金属外壳等零配件，也是 Vision Pro 的玻璃供应商之一。

正是这一个个"最难做"的产品，推动着中国厂商在科技创新方面走向世界前沿。其中，有一家默默无闻的独角兽，其核心产品是一块指甲盖大小的微型显示器件，这家名叫视涯科技的公司，已成为最具潜力的明星。该产品的独特之处在于，结合半导体技术和显示技术，在单晶硅片上制备主动发光型 OLED 器件，通过光学放大，相当于在 3~5 米距离内放置了一个可移动的 120~200 英寸[①]的大屏。凭借硅基 OLED 与可穿戴设备出色的适配性，视涯科技以前所未有的速度，拿下果链的"身份证"。

视涯科技：100 亿元的独角兽

Vision Pro 被媒体称为苹果的阿波罗计划，是苹果投入巨额研发费用打造的一款产品。从专业人士整理的 Vision Pro 主要供应商名单来看，中国内地供应商数量占比接近一半，其成本在 Vision Pro 零部件成本中占比约达到 20%，远高于在 iPhone 中的比重。根据《日本经济新闻》和日本 Fomalhaut Techno Solutions 公司的拆机报告，

---

① 1 英寸 =2.54 厘米。——编者注

iPhone 15 Pro Max 的零部件成本（包括加工费用）中，中国内地供应商的占比只有 2%。Vision Pro，这款售价约 2.5 万元的头显产品贡献了现有技术下能实现的最佳效果，苹果对中国高端制造的依赖由此可见一斑。

这款头显产品最关键、最昂贵的零部件是索尼为苹果供应的 Micro OLED 屏幕，两块价格大概 700 美元，能买一部 iPhone 14，两块屏幕在 Vision Pro 的零部件成本中占比超过 40%。Vision Pro 的产能有多少，取决于苹果能获得多少块 Micro-OLED 屏幕。据分析，索尼 2024 年只能为苹果供应约 100 万块屏幕——Vision Pro 双眼部位各需要一块。因此，Vision Pro 2024 年的产能限制在 50 万台。制造 Micro-OLED 屏幕的难度相当高，初期的良品率只有 20%，后来才慢慢提升至约 50%，接下来 Micro-OLED 每提升 10% 的良品率，需要大概一年时间。而且现在建一条 Micro-OLED 产线，至少要投入 10 亿元。面对苹果扩大产能的要求，索尼拒绝了，而三星显示、LG 显示则由于投资进度赶不上苹果的进度，到 2024 年三星显示也仅能提供量产样品，LG 显示则还在前期实验样品阶段。在苹果寻找合作供应商之际，一家叫视涯科技的中国企业进入苹果的视线。

2016 年，视涯科技在上海创立，2019 年公司将总部搬迁至合肥。人员规模超过700人，其中技术人员占大多数。视涯科技建成了专注于12英寸晶圆的硅基OLED微型显示器件生产线，每月可生产9 000片12英寸晶圆投片。相较于传统的8英寸晶圆，12英寸晶圆成本更低、技术平台更先进。视涯科技拥有从IC（集成电路）设计、微型显示器件生产、光学系统设计制造到智能可穿戴终端的全产业链业务。截至2023年6月，视涯科技已完成C轮融资，投后估值超100亿元。现在视涯科技的产品已通过苹果验证，双方新建了一条独供苹果的Micro-OLED产线，预计2024年开始供应。

为了突破硅基OLED产能瓶颈，在Vision Pro发布之后，苹果迅速对视涯科技的量产产品进行了加紧测试，并在测试合格后把视涯科技与索尼并列为一级供应商，这几乎打破了苹果对供应商认证速度的纪录。测试表明，视涯科技提供的1.3英寸硅基Micro-OLED显示屏在相同亮度下，OLED发光效率提升200%，寿命提升4~5倍，在准确还原鲜艳色彩、更大显示面积、更高刷新率、更沉浸的虚拟体验等多个参数方面，都处在行业领先位置。近3年，视涯科技累计研发投入金额达8亿元。

据报道，苹果在测试二代Vision Pro显示屏后，视涯科技的份额还会大幅增加，为此视涯科技规划了超过15

条硅基 OLED 产线的扩产计划。

目前，苹果的新产品导入（new product introduction，NPI）流程几乎都是在中国进行的。所谓的 NPI 就是由苹果设计新产品方案，交付生产链工厂将其落地成实际的产品，这个过程充满未知的技术难题需要攻克，要求产业链上下游保持畅通以及拥有足够的高级工程师人才。而中国工厂在与苹果合作的十余年间，已经形成了完备畅通的上下游产业格局并积累了丰富的人才库。虽然苹果的生产中心正在墨西哥、印度、越南和美国涌现，但目前在这一方面还没有哪个国家能与中国相媲美。中国所拥有的产业链优势并不是越南、印度等国家在短时间内可复制的。有机构推算，苹果就算只从中国转移出 10% 的产能，也至少需要 8 年。

苹果公司 CEO 库克曾经在 2017 年广州《财富》全球论坛上表示："很多人问，我们为什么愿意在中国寻求那么多的供应商？大家认为是因为中国的劳动力成本低。其实不然。我们来中国的原因是中国的技术和生产工艺的水平是非常高的。精细化生产对苹果现在的发展非常重要，我们现在需要高端的技术来帮助我们实现产品的高质量生产。"

产业链外迁：悲喜不同

与全球价值链嵌入紧密相关的，就是产业链的外迁。基于两种不同的机制，产业链外迁出现两种态势，一种是以劳动密集型产业转移为特征的低端制造业外流，另一种是以技术密集型产业转移为特征的高端制造业回流。全球价值链上中国企业的外迁，主要是跟随链主企业在全球其他地方建厂投产，尤其是出海到越南和印度。

低端制造业外迁的深层次原因主要是国内的生产要素成本上升。根据《中国统计年鉴》的数据，中国制造业城镇非私营单位就业人员年平均工资在2015—2020年持续上升，由55 324元人民币上涨至82 783元人民币，接近翻倍，年复合增长率超8%。从国际的工资收入情况来看，中国劳动力价格已高于一些发展中国家，工资水平逐渐靠近发达国家工资水平。而和中国毗邻的东南亚国家在劳动力成本上具有显著优势。据媒体报道，目前东南亚国家中，越南的平均工资最高，月薪在2 000~2 500元，一些靠近胡志明市的企业，其平均月薪在4 000元左右。孟加拉国的平均月薪在2 000元左右。柬埔寨的平均月薪在1 000~2 000元。由于低端产业需要投入较多劳动力，劳动力成本上升会减少企业利润空间，因此企业不可避免地会将劳动密集型产业迁入劳动力成本更低的国家。除了劳动力成本，在其他生产要素方面，中国的成本优势也在逐渐失去。比如，中国虽然工业用水价格与天然气价格较低，但工业用地价格约为越南的 2.8 倍、印度的 3 倍。

中国工厂向东南亚（尤其是越南）的转移过程可以概括为三个主要阶段。第一个阶段，在 2010 年以后，这些地方开始接纳从中国转移过来的产业，主要是劳动密集型产业，如鞋业和服装业，它们主要受劳动力价格和地价等成本因素的影响。第二个阶段，自中美贸易摩擦开始以来，美国对从中国进口的产品连续加征关税，尤其是电子行业，这引发了以出口美国的电子企业为主的第二波转移潮。第三个阶段，也是当前阶段，外资企业的供应链策略正在加速从"All in China"（全部在中国）转向"China ＋ N"（中国＋其他国家）。作为苹果公司的主要代工厂，富士康郑州工厂一度承担八成以上 iPhone 产能。新冠疫情期间，富士康郑州工厂在无预警下突然进入"闭环生产"，全球 10% 的 iPhone 生产受到影响，这促使苹果考虑在中国以外的地区建设新的生产线。以苹果为代表的产业链转移已经成为一种新的趋势。这三个阶段描绘了中国工厂南移外迁的演变过程，反映了全球供应链的动态变化和调整。

这些产业在流向东南亚的过程中，有一个值得关注的现象是，纺织和服装制造业外流的主体以中资企业为主。

在纺织和服装制造业，中国占据了越南60%的纺织出口额，以百隆东方为代表的中国龙头服装企业纷纷在越南设立生产线。同时，阿迪达斯、耐克等国际运动品牌也分别将旗下鞋类40%、51%的产能放到越南。越南可能拥有世界上最大的耐克运动鞋代工厂。

在电子制造业领域，外流主体则以外资企业为主。目前将生产线从中国迁往越南的大型电子企业包括三星、苹果、英特尔、LG等外资企业。这些企业外迁规模较大，比如三星在越南建立起了东南亚最大的三星研发中心，英特尔计划在越南建立芯片研发中心，而苹果则拟在越南修建数据中心，其中三星的投资力度最为明显。2021年，三星在越南地区投入了180亿美元，并将其全球手机接近50%的产能都转移到越南工厂，为越南地区创造了高达655亿美元的出口贸易总额，实现了742亿美元的营收，几乎占了越南全年GDP的近20%。三星目前已关闭中国全部手机产能，将超过80%的产能转向越南、印度。知名管理咨询公司科尔尼发布的年度回流指数显示，2022年中国商品占美国从亚洲国家进口制成品的50%左右，这一比例低于2013年的近70%。在中国对美国出口下降的同时，美国从越南的进口量在2018—2023年翻了一番，在2013—2023年增长了两倍。

其他正在崛起的制造中心包括印度和孟加拉国。一方面，它们正在承接从中国转移出去的以国外制造业为主的订单，另一方面，印度还是中国手机及其零部件生产的主要承接国。小米、OPPO、vivo等中资企业也在印度建立了生产工厂，出货量占据印度市场份额的六成以上。从劳动力成本来看，2020年中国月平均工资为1 200美元左右，大致是印度的5倍。

中国、印度和越南是世界主要的手机生产地区，2016—2021年，三者手机产量合计占世界总产量的九成以上。以苹果为例。新冠疫情曾导致苹果产品的供应一度出现短缺，同时，美国政府对苹果施加了压力。为了确保供应链的安全性，苹果加快了其供应链向越南和印度的转移步伐。在这个过程中，越南主要负责生产如耳机、电脑和平板等产品，而印度则主要专注于手机的生产。2023年，苹果三家主要代工厂鸿海、和硕和纬创均计划提高在印度和越南的产量，而它们在中国的计划产量将分别削减到70%、75%和55%。但也不是所有的果链都在越南大规模布置产能。德佳咨询公司调查数据显示，果链中外迁至越南的较大规模的四家企业瑞声科技、歌尔股份、立讯精密、蓝思科技，投资额均在3亿美元以下。据报道，2022年苹果在印度生产的iPhone占全球产量的比例已经达到 7%，预计到 2025 年将提升至 25%。从战略管理的角度来分析，苹果的策略无可厚非，反映了链主对全球供应链动态的敏锐把握和灵活应对：订单跟着工厂走，哪个国家有工厂，订单就会转移到哪里。

第五次产业转移

有学者认为，这次轰轰烈烈的产业链转移，可与历史上的几次重要产业转移相提并论。第一次产业转移发生在 18 世纪末到 19 世纪上半叶，当时英国将产业技术转移到欧洲和美国。第二次产业转移则发生在 20 世纪 50 年代至 60 年代，美国在产业结构升级中，集中发展汽车和化工等资本密集型产业，同时将纺织、钢铁等传统产业转移到联邦德国、日本等国。接着，20 世纪 70 年代至 80 年代，欧美和日本的企业开始向亚洲成本更低的地区转移，这催生了向韩国、新加坡、亚洲"四小虎"等新兴工业化经济体的第三次产业转移。进入 20 世纪 90 年代，以欧美和日本为代表的国际产业资本大规模向中国转移，这标志着第四次产业转移的开始。

目前，我们正经历第五次产业转移，全球产业正从中国回流至美、欧、日等发达国家和地区，同时也向墨西哥、东南亚和南亚等发展中国家和地区转移。前几次产业转移主要是由市场因素驱动的，追求成本最小化和效率最大化。然而，当前的产业转移不仅受到市场因素的影响，还受到政治、技术、环境等非市场因素的影响，例如，美国推动制造业回流的政策、全球对供应链稳定性的重新评估以及对中国产品征收高额关税等，都是推动产业转移的重要因素。

在第五次产业转移的大背景下，2022年底，歌尔声学在失去了一批苹果耳机订单后，发布了公告，宣布将11条苹果生产线转移到越南。那些果链巨头，作为各自供应链的链主，在战略上也会要求供应商进行配套。从一级供应商到二级供应商，再到未来的三级供应商，越南本土化的目标正在逐步向上渗透，这内部和外部两种力量的结合形成所谓的"生态链"外迁，从而使得中国相关企业集体出海到越南和印度。整体而言，全球消费电子产业形成了欧美日韩研发、中国/东南亚/南亚制造、全球销售的全球化布局。

东南亚国家之所以能迅速承接中国外迁的产业链，除了中美贸易摩擦加剧、地缘政治风险凸显等政治因素之外，另一个重要原因是东南亚国家以及墨西哥的营商环境发生明显改善。它们与多国签订了自由贸易协议，大幅削减了对外出口关税，从而吸引了大量外资。例如，越南在 2018—2022 年分别签订了《全面与进步跨太平洋伙伴关系协定》、《欧盟—越南自由贸易协定》和《区域全面经济伙伴关系协定》，与签订地区的双边关税降至 3% 以下。泰国也拥有力度较大的外资税收优惠政策，符合条件的企业在泰国享受的税收优惠是最多可 13 次减免关税。除此之外，泰国出口商品还享受美国、瑞士、挪威、俄罗斯的普惠制待遇，数万种重要商品能够减免 10%~100% 的关税。不仅如此，柬埔寨和缅甸也对外商投资出台了一系列优惠政策，包括不实行外汇管制，允许外汇资金自由进出，以及对美国、日本、欧盟等 30 多个国家和地区实施免关税和免市场配额准入的普惠制等。世界银行发布的《2020年营商环境报告》显示，中国营商环境全球排名第 31 位，而马来西亚和泰国的排名分别为第 12 位和第 21 位，新加坡多年来一直排名全球前二，越南虽排名在第 70 位，但却是营商环境改善度最高的国家。

2023 年 11 月，中国宏观经济论坛发布的中国宏观经济专题报告显示，2011—2022 年间，外资企业投资在 GDP 中占比不足 5%，但却贡献了我国近六分之一的税收、22% 的工业产值、28% 的工业利润、39% 的对外贸易和 21% 的研发投入。以上海为例，外资企业数量近 7 万家，贡献了上海市约四分之一的 GDP、约三分之一的税收、超过二分之一的规模以上工业总产值以及约三分之二的外贸进出口总额。从就业来看，商务部公布的数据显示，外资企业以占市场主体2%的比重，带动了约4 000万人的就业，这一数据占全国城镇就业人口的十分之一。因此，产业链外迁背景下的出海，其实是被动出海，是实实在在的"不出海，就出局"。

在全球价值链中，还有一个独特的中国现象。一旦有中国公司在下游产品端建立了优势，就会带动整个产业链逐渐往上"卷"。经纬创投在对新能源汽车产业链的研究过程中发现，比如新能源汽车所带动的上游电池行业，在几年前的锂电领域，设备、材料环节几乎都还是由日韩公司主导，但如今每个环节都由中国公司占据核心位置。

现代企业竞争不是单个企业的竞争，而是供应链之间的竞争。整个供应链一起出海，整个体系的技术竞争力、交付效率和产品品质，将成为新一波全球化中中国企业最强劲的浪潮。而且，优势产业是有"外溢效应"的，这些溢出是先进的细分赛道通过上下游向全产业链溢出的。在全球价值链嵌入中，企业为了保持现有地位，就必须无止境地进行技术迭代。比如，库克对供应商的要求是"每天都在突破可能性极限"。

全球价值链嵌入的概念强调了企业在全球生产分工中

的地位和角色。企业通过全球价值链嵌入，可以参与更高附加值的生产环节，获取技术溢出和知识转移的好处，从而促进自身的技术进步和产业升级。中国制造业在全球价值链中的角色正从一个倾向于被动接受他国中间产品的低端代工者角色，向一个倾向于为全球生产网络输送中间产品的中端分工者角色转变。

产业链外迁是全球产业重塑与中国产业转型升级相互碰撞的缩影，是出海大潮中一个不可忽视的旋律，它低沉而有力，无奈而又充满希望。它不仅标志着企业在全球范围内重新布局的战略选择，也预示着经济全球化的新阶段。

出海不是终点，出海是为了更好地归来。在这次无法独善其身的产业转移浪潮中，企业家需要面对复杂的国际政治经济环境，应对各种不确定性和挑战，同时也要抓住机遇，通过技术创新和市场拓展，提升自身的竞争力和影响力。

第五章 洞察先机：渐进式与天生全球化

> 一个人不论干什么事，失掉恰当的时节、有利的时机就会前功尽弃。
> ——古希腊哲学家柏拉图

前面几章我们介绍的是如何"走出去"，比如如何选择目的地国家，如何设计进入模式和路径。从本章开始，我们要介绍的是如何"走进去"。如果说"走出去"是一句带着梦想和憧憬的口号，"走进去"则是把现实撕开一道缝，让梦想的光照进现实。如果说"走出去"是选择了一条陡峭的攀登之路，"走进去"则是在泥泞的道路上留下自己的脚印。在这个过程中，有难以计数的变量和不确定性考验着企业家的判断和决策能力。但是万变不离其宗，我们用两个框架来概括"走进去"的进程：先发优势与后发优势，渐进式全球化与天生全球化。

在国际竞争中，先发优势和后发优势这对概念，就像矛和盾一样，让企业家又爱又恨。虽说"早起的鸟儿有虫吃"，但同时那些先驱者往往"背上有箭"。在学术界，这对概念也像一张笼罩在迷雾下的面孔，令人难以辨别其本质。曾有研究发现，随着时间的推移，创新者的产品只占据 7% 的市场份额。也就是说，先发优势很难战胜时间。

本章，我们以企业家的视角来审视这对概念，并以凭借扫地机器人号称"石头茅"的石头科技为例，展开对先发优势为什么会失灵以及后发优势如何落地的讨论。

关于出海的进程，国际上通用的阶段模型叫作乌普萨拉模型。它是瑞典乌普萨拉大学两位学者扬·约翰松（Jan Johanson）和扬-埃里克·瓦尔内（Jan-Erik Vahlne）根据瑞典企业国际化活动的实证研究而归纳发展起来的，其核心思想是渐进式国际化。自 1977 年乌普萨拉模型问世之后，在 40 多年的时间里，批评和质疑它的声音不绝于耳，但所有的努力都是在完善它，而不是推翻它。这也从一个侧面证明了乌普萨拉模型是国际商务研究中最具影响力的模型之一。

抛开学术研究的一面，乌普萨拉模型对企业家最有启发的地方有两处。一是它非常强调学习的作用。它认为企业国际化过程是基于学习、创造和建立信任的知识发展过程而发生的。国际化过程的驱动力量是"经验性的市场知识"，比如当地高管对当地市场的理解，这种市场知识往往既不是教科书里的知识，也不是固化在企业组织内部的，而是一种经验性的知识，可能存在的时间很短暂，而且保存的方式较为隐秘，但又对国际化的成败至关重要。任正非所说的"一杯咖啡吸收宇宙的能量"，其实也是强调在日常当中要时刻保持学习吸收的心态。二是它之所以认为国际化应该是渐进式的，其实是因为企业家在此过程中要对大量的风险和不确定性进行平衡。

该模型的一个重要理论锚点是理查德·西尔特（Richard Cyert）和詹姆斯·马奇（James March）的企业行为理论（behavioral theory of the firm，简称BTOF）。该理论认为，组织通过反馈，从过去的行为中学习。这也引发了从企业行为视角对国际化的研究。

对渐进式国际化模式最大的挑战来自所谓天生全球化公司，即在建立或创业初期就有相当比例的收入来自国际市场的企业。这些企业的显著特征是业务集中在技术密集型产业，其竞争优势通常基于拥有独特的技术或诀窍。它们通常聚焦于利基市场，采取主动的国际战略，利用互联网和全球资源加速国际化，同时进入多个国家市场。

天生全球化公司与其他国际化企业的区别在于，它们从一开始就具有全球视野，并将资源在全球范围进行配置。本章我们将通过重力星球（Gravastar）和传音这一大一小两家公司的案例，展开对天生全球化公司的讨论。

铠甲与箭

"去百度一下","万能的朋友圈","淘一淘"……当一个企业或产品的品牌已经成为行业的代名词时,那就是市场对其先发优势地位的褒奖。比如,国际上有一个传播已久的梗:在很多非洲国家,高露洁已经成为牙膏的代名词。作为后来者的联合利华对此感到非常失望,因为它们的非洲顾客竟然称呼它们的产品是"红色的高露洁"!

先发优势通常指的是企业在进入一个新市场或开始国际化进程时,拥有由于早期进入而获得的优势。在营销层面,先发者率先吸引和刺激消费者,从而带来品牌认知度和忠诚度。而一旦出现跟随者,消费者转向跟随者的成本就会很高。在战略层面,先发者通过率先推出产品来控制资源,尤其是稀缺资源。一流的企业做标准,先发者往往有可能将其产品确立为行业标准。有研究指出,先发者优势通过品牌认知度和忠诚度,资源控制和市场进入壁垒,规模经济和经验曲线效应,客户网络效应和锁定效应,以及技术优势和创新领导五大方面来体现。

这些都是先发优势的好处,但先发优势并不一定能转化成企业的护城河,这包括两方面的原因。一方面,先发者在培育市场、培养消费者方面需要投入大量资金,并且面临更多的不确定性,有可能走弯路,经受打击和挫折。

而跟随者则可以抄近路，走捷径，从已经成熟的消费市场中获益。另一方面，先发者在明处，其创新和市场策略容易被模仿，跟随者可以在先发者的基础上进行改进，对新产品进行逆向工程和微创新，使它们更便宜、性能更优，推出更具竞争力的产品，从而反超先行者，建立所谓的后发优势。这就是人们形容那些先驱"背上有箭"的原因。

而在后来者最终胜出这方面，有很多案例。比如在谷歌之前，雅虎和 Infoseek（搜信）等搜索引擎也曾令人心潮澎湃。但是，谷歌能够自定义其搜索引擎，搜索结果更准确。现在，它控制着超过 65% 的搜索活动，而先行者雅虎和 Infoseek 已经成为过去。阿里巴巴的淘宝模仿的是 eBay（易贝）的商业模式，但因为淘宝开创了免费的模式，迫使 eBay 退出了中国市场。阿里巴巴在巅峰时期市值高达 8 500 亿美元，是 eBay 最高值的 8 倍多。在星巴克成立之前，已经有了很多咖啡连锁店。然而，星巴克通过让其成为消费者在家和办公室之外的第三个空间，建立了强大的品牌资产。最早的智能手机来自诺基亚和黑莓，前者在最高峰时的市场份额曾经接近 50%，黑莓在其最鼎盛时期也曾拿下近 20% 的全球手机市场份额。但苹果的 iPhone 面世之后，消费者很快就抛弃了它们。

"内向国际化是外向国际化的镜子。"在中国市场，跨国巨头的先发优势遭到本土企业的全面狙击，这也是媒体经常报道的题材。21世纪初，在国内风电行业发展初期，凭借技术上的先发优势，三大国际巨头GE（通用电气）、维斯塔斯、西门子歌美飒的风电装机量曾占据陆上风电市场的半壁江山。甚至到2006年，国内风电整机企业的市场占有率仍不足50%。随着风机国产化的不断推进及国内整机厂商在技术、市场上的持续积累，本土整机制造品牌逐渐实现对国内风电市场的完全主导。彭博新能源财经统计，2020年，中国风电新增装机容量排行榜前十位均为国内整机制造企业，且市场集中度很高，排名前十的整机制造企业所贡献的风电装机比例已达到91%。但故事到这里还没有结束。

2020年9月，中国确定了碳中和的目标及时间表，并更新了一系列减碳规划。碳中和给中国风电带来巨大发展机遇的同时，也带来了巨大的竞争压力。在同质化的竞争中，一轮充满火药味的价格战陡然而起。平安证券研报显示，2021年上半年，中标的风机价格已跌破每千瓦2 500元，相比抢装时每千瓦4 200元的价格顶峰已接近"腰斩"。更要命的是，销售端半年内迅速降价50%，成本端却在逆势上涨。自2021年上半年起，风机主要原材料价格开始大幅上涨。截至2021年8月，钢铁价格上涨近 30%；铜价较上一年同期上涨 40% 左右；铝价超过 2 万元/吨，较年初涨 30% 以上。可见，风机制造成本持续走高。

在严峻的竞争压力之下，西门子歌美飒陷入业绩亏损并宣布退出中国市场。2019—2020 财年，虽然海上风机订单量翻了一番，但西门子歌美飒收入下降 7%，净亏损超过 9 亿欧元。虽然西门子歌美飒退出中国市场，但中国的成本竞争力和完善的供应商网络，仍然让西门子歌美飒留恋。2020 年，其旗下的天津工厂共为西门子歌美飒生产超过 2.3GW（吉瓦）陆上风机，占其全球总产量 7.7GW 的 30% 以上，天津工厂已成为其全球制造枢纽。

当然，也不是说先发优势总是在被复制和被抄袭之后变得泯然众人矣，也有很多成功的例子。例如，亚马逊作为电子书和云计算领域的先行者，就一直保持着在市场的领先地位。但是，因为后发优势的存在，先发优势是有保质期的，是脆弱的。先发优势只有与规模、品牌、核心技术优势绑定在一起，才能成为企业真正持久的、难以逾越的护城河。

这也是竞争残酷的一面：没有人在乎谁在中途领先比赛，人们只为越过终点线的冠军而欢呼。在出海这个抉择上，不少中国企业家经常有这样的问题："我应该先出发吗？"

先发者的五大优势和两大劣势路人皆知。而由于后来者最大的优势就是信息，中国企业可以从先发者的"他人经验"中，了解和掌握在目的地国家经营管理的相关信息，避免前人所犯的错误，吸收已有的经验，快速进入状态，即做一个快速、高效的跟随者，从而打造一副更有威力的铠甲。

"石头茅"的美国心经

起家于扫地机器人这个细分赛道的石头科技在美国市场的表现，可以看作标准的出海企业"后发优势"的胜出。根据市场调查机构数据，2023年，美国扫地机器人销售额排前十的品牌中有5个是中国品牌，其中石头科技已代替美国iRobot公司，成为全球扫地机器人行业排名第一的企业。而在美国市场，作为扫地机器人这个细分市场的创建者，iRobot曾经一度拥有超过80%的市场占有率，并且是扫地机器人的代名词。

2002年，iRobot首次推出扫地机器人。2014年，石头科技成立。2016年，石头科技推出第一款自己的扫地机产品，当年营收不到2亿元。2020年，石头科技登陆科创板，仅用了一年多时间，股价最高上涨到每股近1 500元，仅次于贵州茅台。由此，石头科技在科创板领域收获了"扫地茅"的称号。

石头科技的崛起很大程度上得益于"小米生态链"的加持。作为雷军旗下顺为资本投资的企业，石头科技深谙"小米产品方法论"，以"颜值高、定价低、做爆款"的思路打造新品，同时，借助小米的品牌和渠道优势，从而使得销售费用远低于竞争对手。而且，其采用的轻资产运营模式，抓住产业链中的主要利润点，把"脏活、累活"外包出去，这些都加速了其早期的扩张。

然而，扫地机器人毕竟是个小众市场，市场容量的天花板很快就逼近了。有数据显示，扫地机器人行业呈现增速放缓趋势。由于竞争加剧、利润下滑、股价下跌，坐了一轮过山车的"扫地茅"，生存岌岌可危。石头科技原本打算努力开拓下沉市场，可对于很多家庭来说，扫地机器人更多还是一个充满新鲜感的玩具，不菲的价格让这个"大玩具"很难下沉到四、五线城市。于是，尽快开拓消费能力更强的国际市场，成为石头科技的必选项。但美国 iRobot 公司长期占据全球市场领导地位，对中国企业的技术进步和市场竞争的加剧也有所防范。它曾经以视觉导航专利作为壁垒，限制中国厂商的发展，但科沃斯和石头科技成功研制了利用激光雷达导航结合高精度实时定位算法的产品，绕开了 iRobot 公司的专利壁垒，并且实现了更好的性能。

在准备进入美国市场时，石头科技进行了详尽的用户访谈。调研结果显示，40%的用户对扫地机器人在清扫墙角时的效果感到不满意。于是，石头科技投入研发力量，推出了一款专门针对美国市场、能够显著改善墙角清扫性能的产品。对于养宠物的家庭，石头科技发现，虽然他们对智能清洁工具有需求，但他们担心机器人会吓到宠物、碰倒宠物的食水或拖动宠物粪便。针对这些痛点，石头科技重点开发了避障功能，并增加了对宠物粪便的识别功能，推出了宠物主人可以放心使用的产品。考虑到扫地机器人产品较长的换机周期和较高的单机价格，石头科技开始为美国消费者提供以旧换新服务，这些售后服务降低了消费者购买高端机的选择成本。

石头科技进入美国市场时，恰好是当地消费者购物习惯从线下向线上转移的关键时期。2018年，石头科技的产品上线亚马逊。在分析亚马逊数据后，石头科技发现其用户画像明显偏向男性，尤其是中青年已婚男性。因此，在投放站内广告时，石头科技会展示温馨的家居环境，并使用具有未来感的图片来突出产品的科技特性。2019年，石头科技在亚马逊美国站的销售额增长了8倍，达到了4 000万美元，其成功在美国市场打响了第一炮。

有统计数据显示，2023年在美国市场上，石头科技高端产品的市场份额已经达到了57%，远超iRobot公司的26%。中国的扫地机器人企业出海，是典型的技术产品出海、发挥后发优势的案例。石头科技从追赶到超越的过程，其实是中国企业战略出海的一个缩影。它带给我们的启示是，在细分市场上，企业在前端对需求的洞察力必须与后台的技术支撑相结合，这样制造出来的产品才有可能得到消费者的青睐。

在解释先发优势为什么会失灵时，有一种观点认为，先发者依赖于现有的技术、管理实践、人力资源、市场与制度，并且产生了一种惯性，特别是对现有资源的过度投资更进一步使其产生了路径依赖，以及先发者惰性。这为敏捷、充满活力的后发者创造了一个超越先发者的机会窗口。另外，从石头科技的案例可以看到，新范式的兴起，比如线上销售，使得后发者与先发者处于相对平等的技术门槛，相比于传统销售渠道，降低了进入壁垒，大大削弱了先发者的竞争优势。新范式催生的巨大市场容量，为后发者提供了不断试错和改进的缓冲地带，从而有利于后发者快速提升并追赶。

乌普萨拉模型到底在说什么

乌普萨拉模型（见图5-1）认为，企业国际化的进程不是一蹴而就的，不是跳跃式的，而是渐进式的、线性的，是这些企业通过一系列模式构成了所谓的"建立链"（establishment chain）。也就是说，一开始，企业会采用低承诺模式（类似于我们之前所说的轻模式），例如出口外销或依赖渠道中间商；在适应了不确定性之后，企业开始采用高承诺的进入模式（类似于我们之前所说的重模式），例如在国外设立全资子公司。

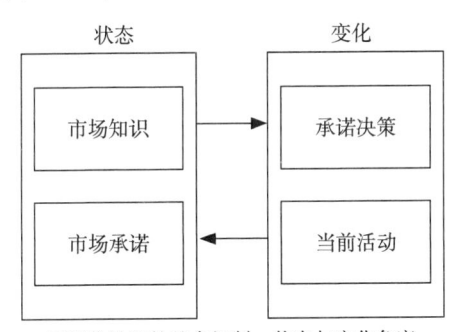

国际化进程的基本机制：状态与变化角度
图 5-1　乌普萨拉国际化原始模型

资料来源：Jan Johanson, Jan-Erik Vahlne. The internationalization process of the firm:A model of knowledge development and increasing foreign market commitments[J].Journal of international business studies，1977，8（1）：23-32.

此外，由于在邻近市场开展业务的确定性较高，和企业的"心理距离"比较近，国际化进程往往在这些市场开始。所谓"心理距离"，是指企业对于海外市场特征的不确定性程度（也可以类比我们之前所说的 CAGE 距离模型）。按照心理距离的概念，企业在国际扩张中会采取渐进的方式，企业会首先进入相对熟悉的海外市场（如地理、文化、制度相近），通过经验的积累，逐渐进入心理或文化距离更大的国家。比如，中国企业偏好东南亚市场作为试水的第一站，一个原因就是同属儒家文化圈，连饮食文化都是一脉相承的。

约翰松和瓦尔内在2009年修订了其原始模型，融合了网络理论，承认商业网络和关系在国际化过程中的重要性。修订后的模型（见图5-2）强调建立信任和经验知识的重要性，指出企业的国际化受到其网络地位的影响。

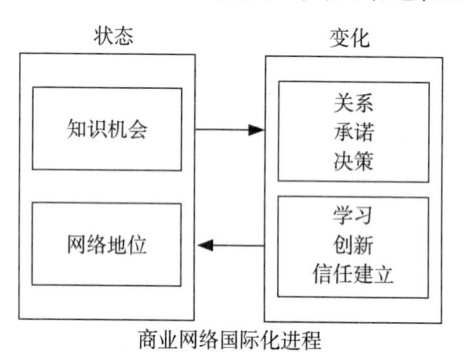

图 5-2 乌普萨拉国际化模型（修订版）

资料来源：Jan Johanson, Jan-Erik Vahlne. The Uppsala internationalization process model revisited: From liability of foreignness to liability of outsidership[J]. Journal of international business studies，2009，40（9）：1411-1431.

这个模型堪称国际化进程研究的经典模型，虽然得到了广泛的应用，但也一直饱受诟病。质疑乌普萨拉模型一派所持的观点是，人们越来越多地看到企业对这个渐进式模式的颠覆。比如，跳过低承诺阶段，直接步入高承诺阶段，而且更多开创式的国际化案例无法纳入这个模型，甚至有些企业在诞生不久就开始全球化运营。在今天的商业世界里，企业家们是以加速度的方式沿着国际化道路前进的。当互联网超越地域地链接一切的时候，企业进入国际市场的顺序也就不再与心理距离相关了。

也就是说，企业的国际化进程，不再是循序渐进的，而是非线性的。比如中东非拥有庞大人口，这背后蕴藏着庞大的家电需求。在热水器这个细分市场，南非有一个拥有百年历史的本土品牌 Kwikot，而且它在当地拥有完善强大的销售、安装渠道和售后服务体系。为了进入南非市场，2016 年，全球家电巨头伊莱克斯宣布以 20 亿瑞典克朗收购 Kwikot。2024 年 7 月，中国家电企业海尔旗下的海尔智家宣布以约 9.8 亿元的价格收购伊莱克斯集团旗下的南非市场热水器业务 100% 的股权，并接收其家电业务人员。

海尔为什么要大笔收购呢？根据 Euromonitor（欧睿国际）数据，2022 年海尔在全球家电市场份额达到 17.1%，其在亚太、北美等区域的市场份额超过 24%，但在中东非的市场份额仅为 4.4%，这成为海尔全球化布局的一个短板。另外，海尔在 2023 年年报中也提到，热水器业务虽然国内领先，但国际化布局还不足。完成收购之后，海尔智家可以利用Kwikot成熟的销售渠道来销售海尔的其他产品，这比海尔在当地自建销售渠道节省更多的时间成本。可见，无论是伊莱克斯还是海尔，都是通过高承诺的方式进入南非市场，从而加速国际化进程的。

还有一个曾经被视为中国制造以后发优势整合全球资源的案例就是小米旗下的九号公司。说起平衡车，大家首先想起来的是赛格威（Segway）。1999年，被李嘉诚称作"唯一的偶像"、美国"现代版爱迪生"的迪恩·卡门在美国创立这家公司。当年乔布斯把平衡车称作"将会是与个人电脑一样的大买卖"。然而，直到乔布斯去世，这个产品也仍未摆脱曲高和寡的命运。赛格威第一款实际量产的产品虽然在2002年正式推出，但出现不少安全事故，加上主流产品售价折合人民币8万元，以及至少32千克的重量，让赛格威在10年间的销量仅不到10万台。

2009年，毕业于北航飞行器制造专业的高禄峰在旅行中偶然看到赛格威的产品，便与其师弟王野开始联合创业。2013年，他们创立的九号公司发布了首款电动平衡车，定价14 900元，重量只有赛格威的一半。在7天之内，这款产品的预约量突破3万台，火爆程度大大超出他们的预期。2014年，九号公司开始出海的征程，迎面而来的，是手握400余项平衡车核心专利的赛格威。赛格威以侵犯知识产权为由，向包括九号公司在内的所有中国平衡车出海企业提起诉讼。

一开始，九号公司的想法是向赛格威寻求授权与合作。令人意外的是，赛格威主动提出了希望能被九号公司收购的想法。2014年，九号公司获得小米、红杉、顺为等基金的8 000万美元A轮投资，跻身小米生态链。2015年4月，九号公司宣布全资收购赛格威。创始人王野说："收购它不是为了降价，也不是为了获取它的技术，其核心是为了获得西方世界的一张入场券。"

2016年，九号公司首款面向C端普通用户的电动平衡车问世，定价1 999元，电动平衡车的产品定位被彻底颠覆了。九号公司也通过赛格威的全球市场渠道完成了全球化布局。接下来我们介绍一下九号公司是如何选择地段的。其做法是，在中国只做北上广深和新一线城市，在欧洲只做9个国家，美国50个州只做2个"阳光州"，加拿大只做2个城市，亚太只做三四个国家。之所以只选择精品城市，是因为九号公司相信"全球生意听起来很大，但如果像撒胡椒面那样面面俱到，一定是必败无疑"。当然，九号公司这种思路虽然非常符合"经济距离"的考虑，但在某种程度上也为自己设置了一个天花板。未来如果九号公司需要进一步扩大规模，在选择城市区位上，有可能需要扩大范围。

一个比乌普萨拉模型本身更有趣的话题是，在乌普萨拉模型下，企业家在国际化进程中扮演怎样的角色。有研究认为，企业家的个性，例如风险感知、对失败的恐惧，社交能力和认知属性，例如在不确定和动态决策环境中的适应能力和个人的警觉性，塑造了公司的国际化进程和模式。

近几年，国际新创企业或天生全球化企业的出现，是对乌普萨拉模型发起的第一次根本意义上的挑战。

有一种天赋叫天生全球化

一个多世纪以来，一件天经地义的事情是，企业只有在国内站稳脚跟，才会考虑涉足海外。此外，当它们把目光投向海外时，一开始它们都不会冒险走得太远。强生公司于1919年在加拿大蒙特利尔设立了第一家外国子公司，距1886年成立已有33年。索尼成立于1946年，花了11年时间才将其第一款晶体管收音机出口到美国。快时尚品牌GAP（盖璞）成立于1969年，但直到1987年才在伦敦开设了第一家海外门店。

但是，特斯拉在2016年推出第一款电动车Model 3，2017年开始量产之后，2018年特斯拉的第一个海外超级工厂就落户上海。2019年，特斯拉上海超级工厂在一片荒芜中拔地而起，创造了"当年开工，当年竣工，当年生产，当年交付"的奇迹，到现在，上海工厂贡献了特斯拉全球近一半的产能。

"天生全球化企业"一词最早由麦肯锡公司提出，用于研究澳大利亚的早期国际化企业。今天，初创企业与全球化企业之间的时间距离，已经不再用十年或者年这样的时间长度来衡量了。越来越多的初创企业在诞生之初就是全球化的。企业家们可以在地球上寻找最好的制造地点，大量的信息触手可及，而不必像过去那样，企业家会受到地理距离和心理距离的束缚。他们在全球范围内招募人才，能够在开始开展业务的那一刻就学会远程运营管理，因为这方面的工具已经足以满足需求。有些初创企业甚至在母国以外的国家开展业务，之后才在本国市场占据主导地位。国界对企业家来说已经变得模糊，无足轻重了。这里需要关注的重点是企业成为国际企业时的年龄，而不是它们的规模。

30年前，国际创业领域的知名学者本杰明·M.奥维亚特（Benjamin M. Oviatt）和帕特里夏·菲利普斯·麦克杜格尔（Patricia Phillips McDougall）共同撰写了关于国际创新企业的开创性论文。他们指出，天生全球化企业需要经历两个阶段。第一个阶段的主题是："我的公司应该成为天生全球化企业吗？"企业家需要回答以下问题：

- 最优秀的人力资源是否分布在各个国家？
- 外国是不是更容易融资或者更适合融资？
- 目标客户是否要求您的企业具有国际性？
- 全球通信是否会导致竞争对手迅速反应？
- 您是否需要全球范围的销售来支持企业？
- 若国际化推迟，则国内惯性会成为致命弱点？

在第一阶段，如果企业家能对上述所有或大多数问题回答"是"，那么就要考虑第二阶段的问题，即需要进一步确保快速拥有以下的资源和能力（此为天生全球化企业经历的第二阶段）。

- 一开始就有全球视野；
- 管理者具有国际经验；
- 强大的国际商业网络；
- 超前使用技术或营销；
- 拥有独特的无形资产；

- 产品服务的相关迭代；
- 全球组织的紧密协调。

重力星球就是这样一个典型案例，其把全球市场当成一个单一市场。在过去，只有奢侈品品牌可以做到这一点。对照上述两个阶段，重力星球直接进入了第二个阶段。对于第二个阶段的 7 个方面，重力星球基本做到并且做对了。重力星球 2019 年在深圳成立，是一家主打未来科幻风格的消费电子品牌。成立之初，创始人黄勇认为："这是个空白区，是没人做过的事，这就是我们的市场机会。"这个"空白区"不是指国内市场，而是全球市场，而且空白到没有可以对比的参照物。但另一方面，新产品如果批量上市，需要投入大量前期成本，对初创公司来说，一旦决策失误就是灭顶之灾。

多重考虑下，重力星球决定率先进入海外众筹平台。这个决策就是超前使用营销手段。对很多初创企业来说，海外众筹平台是一个产品测试渠道，可以帮助创始人在产品量产之前通过大量数据，比如受众对产品颜色、定价、内容等的评价，了解受众的偏好和喜爱程度。

众筹结果出乎所有人的预料。蓝牙音箱"火星"（Mars）一上线就成为爆款，并且在全球各主要市场的众筹平台上都取得了成功——如在美国一家平台斩获44.5万美元，日本一家平台收到3 332万日元，中国台湾一家平台众筹了720多万台币，打破了近几年各平台蓝牙音箱的众筹纪录。通过众筹，重力星球确定了首款产品在定价、用户画像、产品定义等方面的基本形态，并与对其产品感兴趣的全球各地代理经销商建立了联系，为接下来做品牌打下了基础。2021年，重力星球的GMV（商品交易总额）已达5 000多万元，年销量近10万台，复购率高达20%。

有了"天生全球化"的设想之后，对海外市场机会的认知与开发必然是天生全球化企业创立与成长的起点，全球资源整合是其成长模式，而海外市场知识与组织学习则成了它们进入国际市场后创造和维持可持续竞争优势、实现能力提升和持续成长的基础。这一系列外在的行为，其实是这些企业天生全球化商业理念的外化。那些无法将第二阶段的那些资源和能力串联起来的企业，在经历短暂但活跃的时期后将被迫停止运营。

虽然重力星球从一开始就放眼全球市场，但它本质上仍然是一家中国公司，它的设计和制造都在中国本土，它的全球化可以说是"天生全球化"的1.0版本。这个阶段的全球化，在跨境电商平台的推动下，相对比较容易实现。而传音的全球化则可以说是"天生全球化"的 2.0 版本，之所以这样说，是因为它是"天生非洲化"的中国公司，并且从非洲走向了全球。

"天生非洲化"的传音

传统的中国制造业企业出海往往是渐进的，即先让产品远销海外，进而在当地建立工厂，搭建销售渠道，并雇用当地员工。而传音则是一步到位，形成了在非洲从建厂到投产、销售、售后的一整套产业链条。传音成立于 2006 年，其创始人竺兆江曾经供职于国产手机品牌波导公司。

从内罗毕机场的大道到坎帕拉的简陋居所，从肯尼亚的边陲小镇到卢旺达的热门旅游点，传音手机的品牌广告几乎无处不在，墙面上涂满其标志，街头巷尾插着宣传旗帜，甚至连电线杆也不放过。在非洲频繁的停电中，TECNO 品牌的巨大显示屏时常在夜幕中亮起。作为传音旗下的手机品牌，TECNO 正以深度非洲化的推广策略，每年在非洲市场销售数以亿计的手机。

用手机自拍，已成为全球青少年的标志性动作，各种美颜功能更是让人眼花缭乱。在这股热潮中，有一个不太和谐的角落，普通手机的自拍功能对非洲人的深肤色并不十分友好。于是，传音手机通过采用深肤色影像引擎技术和定制硬件，开发了基于眼睛和牙齿定位的拍照技术，并通过增强曝光和引入"智能美黑"技术，让非洲用户无论在白天还是夜晚，都能拍出满意的自拍照，这也使得传音手机迅速赢得了非洲用户的心。

非洲大陆拥有 50 多个国家和地区，甚至一个国家内就有众多运营商，且运营商间的通话费用昂贵。面对这种情况，传音首先引入了"双卡双待"手机，随后更是创新推出了"四卡四待"机型，一部手机可容纳 4 张 SIM 卡。

鉴于非洲人民对音乐和舞蹈的热爱，传音特别开发了 Boom J8 等型号，增强了手机音响效果，使人们即便在喧闹的环境中也能享受音乐，并配备了头戴式耳机。该手机发布时，得到了尼日利亚 18 位知名巨星的联合推荐，引发了巨大的市场反响。针对非洲部分地区电力供应不稳定、气候特点等，传音开发了低成本的高压快充技术、超长待机电池、耐磨耐汗的陶瓷新材料和防汗 USB 端口等，以满足当地用户的实际需求。这一系列举措，其实都佐证了第二阶段中的"产品服务的相关迭代"。毕竟，贴合需求的产品一定是企业投入深刻的洞察和独特的匠心制造出来的，只有这样，企业才能给消费者带来额外的惊喜，市场才会用真金白银来表示肯定。

为了丰富手机应用生态，传音通过自主或合作开发了超过 10 款应用程序，如音乐流媒体平台 Boomplay、新闻聚合应用 Scooper、移动支付应用 PalmPay 和短视频应用 Vskit 等，月活跃用户数超过 1 000 万。这些应用在非洲市场的影响力，堪比国内的网易云音乐、今日头条、支付宝、抖音等。传音将中国成熟市场的成功经验复制到非洲，并进行了本地化适配，这也符合乌普萨拉模型强调的"经验性的市场知识"的驱动。

天生全球化企业与成熟跨国企业相比，在资源、能力禀赋、行为风格、战略选择与路径方面存在着诸多差异。传音在非洲的成功生动地诠释了这一点。传音从诞生之初就不是作为中国品牌出海，而是从无到有，直接建立一个海外的品牌。在某种意义上，传音已成为非洲的本土企业。正如埃塞俄比亚工业部副部长所言："传音是埃塞俄比亚有史以来，第一家将产品出口到海外，帮埃塞俄比亚赚外汇的公司。"

传音做得再好，非洲市场毕竟有限。因此，"非洲之王"也面临着走出非洲，从非洲出海的挑战。传音能在其他区域市场复制自己在非洲的成功吗？回答是肯定的。2023 年，传音的营业额超过 600 亿元。2023 年前三季度，传音非洲业务的营收已经降至总营收的 35%，而南亚市场已经占总营收的 21%，传音在巴基斯坦、孟加拉国等国市场都拔得头筹。

传音只是中国企业"天生全球化"的一个缩影。在中国，TikTok、Temu、SHEIN 等一批高科技企业在成立之初就以国际市场为导向。这个"天赋"决定了它们国际化视角下的项目选择能力、世界级水平的技术研发能力和参与全球范围资源整合的能力。当然，它们也会面临前所未有的风险与挑战。

第六章　全球胜任力

> 指挥主要靠自学。有天赋、有乐感的人才能成功。
> ——意大利指挥家
> 阿尔图罗·托斯卡尼尼

如果要寻找一条永恒的增长曲线，它应该是由领导力支撑的。

从豪情万丈"走出去"到跋山涉水"走进去"，接下来，在风云变幻、险象环生、弱肉强食的丛林世界，企业家要做的是"融进去"。融进去，是让战略落地，让品牌扎根，让市场接纳。融的过程既要你中有我、我中有你，又要保持自己的独特性；既要秉持中庸之道，又要在残酷的竞争中杀出一条血路。融进去是为了脱颖而出，为了赢得胜利，而赢的关键，在于领导力。

融合的难度在于跨越文化的距离。文化的距离是微妙、模糊、难以精确衡量的。不是说你看上去和他一样，他就认为你和他一样。正如管理大师彼得·德鲁克所说："跨国经营的企业是一种'多文化机构'，其经营管理根本上就是把一个政治、文化上的多样性结合起来而进行统一管理的过程。"这种结合，不是此消彼长的结合，而是通过碰撞、理解、吸纳而创造出一个全新文化的过程。在内部的冲突和分歧与外部的重重压力之中寻找突破，从而达到一种新的均衡，实现管理上的统一，既需要原则性和灵活性，还需要创造性。

关于全球领导力，有许多不同的定义，但其中对于跨文化的意识和技巧的探讨是最多的，它是指领导者有意识和能力去理解文化间的差异，并能在跨文化的商业环境中做出和实施适应性的决策和行为。此外，拥有全球化的思维和知识也是全球领导力的重要素质之一。比如，可口可乐公司前董事长兼 CEO 穆泰康·肯特在 20 世纪 80 年代末曾担任欧洲东部与中部市场的负责人。1989 年，他"打赌柏林墙将要倒塌"，便跟总部商量，如果东欧很快开放，他们将没有足够的时间去找灌装厂，因此他要申请 5 亿美元的预算。虽然后来总部给到他的资金不到 5 亿美元，但这些资金也足够让他在当时的苏联开设 27 个工厂并找到特许经销商。最终，凭借敏锐的判断和果断的行动力，穆泰康提前布局，率领可口可乐长驱直入，将在当地所占市场份额从只有 2% 提高到 80%。再比如，在华为，"靠中国市场大而进入世界 500 强那不算厉害，你得有跨国的胸怀才能成为跨国公司"，已经成为华为人的共识。

本章，我们将从中国企业家在重塑全球领导力过程中所面临的三重紧张关系入手，结合全球胜任力模型，从倾听即沟通、用户至上的价值观、自我驱动的态度和打造多元高管团队这四个维度，搭配任正非、李书福、张瑞敏、梁稳根，以及欧洲央行行长克里斯蒂娜·拉加德（Christine Lagarde）、穆泰康、"第一 CEO"杰克·韦尔奇（Jack Welch）、宝洁前首席执行官雷富礼（A. G. Lafley）的故事，来阐述何为全球领导力，以及如何胜任出海领航者这一角色。

三重紧张关系与全球胜任力模型

在"走出去"的浪潮中，中国高管逐渐登场，步入全球舞台，站在聚光灯下，成为中国影响力的一部分。另一方面，世界也在观察和理解中国商业领袖的面孔和内心。2005 年，在"全球领导力和组织行为有效性"（Global Leadership and Organizational Behavior Effectiveness，简称 GLOBE）项目中，研究人员访谈了来自中国的 158 名中层管理人员，通过了解他们的文化习俗（他们在业务中如何做事）和价值观（他们认为应该如何做），试图探究他们作为新一代领导者面临的压力，以及这些压力可能产生的影响。

根据受访者的回答和研究人员对全球化的理解，相关学者确定了可能关乎中国企业未来的四重紧张关系，其中三个在今天看来依然是出海的时代命题：

• 授权与集权：尽管高管们认识到，他们必须赋予员工真正的决策权，但其中有些仍然难以摆脱长期以来的家长式作风。

• 多样性与单一性：中国一些企业家鼓励集体文化，这种文化往往不利于新想法或不同想法的提出，并在一定程度上不利于跨部门的合作和协调。要进行全球扩张，中国一些高管面临的挑战是放弃对集体文化的强调，转而发展真正的信任机制——例如，明确、客观的绩效指标和不易受到个人解释影响的具体规则。

• 全球视野与民族自豪感：一些管理者认为，"平庸"是一种负面的特质，会阻碍杰出领导力的产生。在全球化的背景下，新出现的文化和社会规范可能会与中国的传统文化产生冲突。

前述学者认为，中国企业的未来在很大程度上取决于企业家解决上述紧张关系的能力。如果企业家们无法在前述冲突中找到自己的立足之地，中国公司将仅仅作为跨国公司的分包商存在。然而，如果他们在压力之下找到破解的办法，他们将向世界证明自己是管理复杂因素的大师。在这项研究发布 5 年之后，在举世瞩目的吉利汽车收购沃尔沃汽车的过程中，来自中国温州的企业家李书福就展现了解决复杂问题的魅力。

2010 年 3 月，正值谈判最艰难的环节，沃尔沃的老东家福特汽车一行人带着吉利汽车一行人，前往瑞典与工会代表对话。谈判中，有人忽然抛出了一个充满挑战意味的问题："请你用 3 个词说明为什么吉利是合适的竞购企业？"

这时，李书福主动上前，对沃尔沃汽车工会的代表们大声说出了一句话："I love you（我爱你们）。"事后，他解释说，他爱沃尔沃这一品牌，他会尽力运营好，并保障相关各方的利益，这是吉利这个收购者的责任和义务。

李书福的坦诚直率在谈判现场赢得了满场喝彩，这句"浪漫表白"让他赢得了"梦中情人"。吉利最终以 18 亿美元的价格完成对沃尔沃的收购，而当年福特收购沃尔沃的代价是 69.5 亿美元。

虽然李书福的这句话得到了媒体铺天盖地的报道，但是，整体而言，中国企业家的全球领导力仍然不突出。2009 年，顶尖人物咨询公司和《财富》(中文版)联合对

3 800名中国企业高管进行了"领导力国际化"调查，得出的结论在一定程度上佐证了前述三重紧张关系。

该调查发现，在对企业高管领导风格（包括普遍风格和调查对象的个人风格）相对重要性排列的顺序中，虽然中国企业高管认同"树立愿景及价值体系"的占65%，认同"做值得信任的榜样"的占35%，而且此调查结果也与来自其他国家的受访企业高管的一致，但是，中国企业高管的能力与全球最佳实践领导力仍然存在较大差距。例如，"遵循已经证明成功的流程"这一项得分偏低（占比4%），反映了中国一些企业高管在进行全球化运营时无所适从。另外，这份调查还反映出某些"典型的"中国式领导风格问题。比如，只有不到10%的被调查者选择"以完成项目为重心"，这反映出大部分中国企业高管不是动员全部力量来达成目标，他们与许多跨国公司高管的风格截然相反。

该调查还要求参加者对全球领导者特征的重要性做出评价。分析人士认为，调查结果反映出一种极为中国核心化的视点，明显缺乏了解其他国家的兴趣。几乎50%的受访者最看重"全球视野"，但即便是拥有海外经验的人中，也只有7%认为"全球知识"同等重要。受访者中只有7%的人将"领导者风格"评为最重要，而将全球最佳实践重要能力之一的"有效领导变革"作为首选的人只占3%。从中国企业高管给出的回答来看,分析人士认为,影响他们成功的最大障碍之一是缺乏对全球最佳实践的充分重视,在国际商业环境中过多地注重文化趋同,比如强调打造和谐关系(做人),忽视了按部就班、执行趋同(做事),即中国一些企业高管对务虚层面的重视超过务实。

该项调查发现,受访者当中,平均只有约4%的人符合"真正国际化的领导"的特征,该数据远远低于受访者自认为的11%。大部分受访者都属于"步入国际化的领导",其次是"表面国际化的领导"。所谓"真正国际化的领导",调查报告中的定义是,能够预见敏感的文化问题,对不同文化有广泛深入的了解,对国际问题和全球市场有独到的理解,并且能够以国际化的视野审视这些问题;在一个多元文化、捉摸不定的环境中,仍然能够感到舒适;甚至对于不确定的环境感到兴奋,觉得这种环境能够激发自己的能力;还应该能够在国际化的环境中预见和创造机会,针对不同文化改变自己的管理风格和商业实践方式,有意愿和能力在国际化的环境中尝试新方法。具体而言,真正国际化的领导管理着包含2~3种不同文化、不同合作模式的业务。

该调查还将国际化领导力程度与公司类型进行了对

照，发现"表面国际化的领导"主要"盛产"于跨国公司（占比27%），他们面临的最大挑战是在思维观念上进一步全球化；"步入国际化的领导"主要分布于上市公司（占比30%），他们面临的最大挑战是培养更加全球化的心理状态；"真正国际化的领导"主要来自民营企业（占比35%），他们面临的最大挑战也是实现心理状态的全球化。国际化领导力综合得分最高的是民营企业的经理人。因此，对中国出海的企业家来说，在出海的历程中，不论最终的成败如何，至少可以培养一批经过国际化洗礼的高级管理精英。

在过去20年里，上述三重紧张关系已经得到相当的舒缓和释放。虽然在意识、能力和态度方面，中国企业家与真正国际化领导的距离正在逐步缩小，但差距依然明显。那些已经踏上国际舞台的中国企业，虽然在招募具备良好语言技能和业务知识的人才方面相对容易，但这类人才往往有一个共同的误区，即将本土的业务模式简单移植到海外市场，这种生搬硬套的做法忽视了文化差异和市场特性。而那些真正拥有海外业务实战经验的人才，不仅亲身参与过海外市场的业务运作，对特定行业的商业规则有着深刻的理解，而且在目标市场构建了稳固的社交网络。从寻找三重紧张关系的解决方案入手，我们引入全球胜任力这个概念。

胜任力这个概念，最早由美国哈佛大学心理学教授戴维·麦克利兰（David McClelland）在20世纪70年代首次提出。他认为，在判断个人能力与岗位的匹配度时，应该以胜任力维度取代单一的智力维度。

就像绩效考核源于美国军方，用于挑选有潜力的士兵一样，胜任力这个概念，最初不是用于企业管理，而是用于帮助美国国务院遴选外交官的。曾经，美国国务院受到一个难题困扰，虽然其采用了非常严苛的测试手段，能够通过测试的人，在当时都被认为是"才高八斗"的精英，但在日后的工作表现上，这些被寄予厚望的人才却表现得良莠不齐。面对这种个人能力与岗位不匹配的困境，胜任力这一概念破土而出，并迅速进入企业管理实践领域。目前，胜任力模型在各国企业的人力资源管理中已得到广泛应用，例如，《财富》世界500强中已有超半数企业应用此模型。20世纪90年代，这个概念和大量前沿的企业管理理念一起传入中国，不少企业在专业机构的帮助下建立了自身的胜任力模型。在开拓海外市场、选用人才时，全球胜任力模型发挥着显著效用。除了胜任力，跨文化领导力的另一个核心要点是文化情商，指个体在不同文化环境中有效行动、适应和取得成功的能力。因为它与胜任力的概念有所重叠，限于篇幅，本章将侧重于探讨胜任力这个概念。

本质上，胜任力是一种综合素质的体现。一般来说，全球胜任力包含以下四个维度：第一个维度是知识，比如影响当地和世界其他地方人们生活与全球性问题解决的知识，以及跨文化知识，等等。足够的知识储备是胜任力的基础和底盘。第二个维度是价值观，包括重视人的尊严和文化的多样性。价值观是处理文化信息并决定如何与世界包括他人接触的重要原则。只有价值观一致，真正的凝聚力才能形成，才可能让具有不同文化背景的人走到一起，并且经受住各种分歧、冲突和压力的考验。中国人常说的"做事先做人"，其实就是这个道理，这样才有可能成就一番事业。第三个维度是态度，即对有其他文化背景的人采取开放的态度，尊重文化的差异以及具备全球意识。第四个维度是技能。培养全球胜任力需要培养多种技能，包括信息推理、不同文化背景下的有效沟通、全面的视角、解决冲突的技巧和适应性的技能等。

我们将全球胜任力与中国企业家出海这一具体场景相结合，将知识、价值观、态度和技能这四个维度解构到领导力的层面，分别对应倾听即沟通、用户至上的价值观、自我驱动的态度和打造多元高管团队这四个原则。这四个原则可以帮助中国企业家寻找破解三重紧张关系难题的密码，从家长式的管理风格中解脱出来，在一个"平"的世界中，不仅打造出一个成功的国际化品牌，而且沉淀出自己的方法论。

从拉加德到任正非：倾听即沟通

"政见鲜明，触角敏锐，个性十足，还有摇滚明星般的气场。"这是熟悉拉加德的人对她的评价。拉加德少年时代曾经是法国国家花样游泳队运动员，律师出身，并未经过正规、系统的经济学学习，她出色的才干让性别不再成为阻碍，帮助她成功步入法国政界。她是法国历史上第一位担任财政部长的女性，也是八国集团历史上第一位担任财政部长的女性，还是第一位领导国际货币基金组织（IMF）的女性，欧洲央行的首位女掌门。

2011年7月，在诸多质疑声中，拉加德成为IMF近70年历史上的首位女性总裁，并在这个位置上一坐就是8年。就任之初，在欧洲债务危机最严重之时，她需要平衡180多个成员的利益，推动盘根错节、各有各算盘的成员之间达成共识。在总裁任内，她成功修复了IMF严重受损的声誉，将IMF与欧洲央行、欧盟委员会组成"三驾马车"，联合救助了希腊等在欧债危机中陷入严重困境的欧元区国家；她还主持了IMF最大规模救助计划的实施。德国媒体称赞她"能够倾听，精明而经验丰富，同时又是一个迷人、可靠、坚定的对话伙伴,哪怕与其观点完全不同的人都会为她所折服"。

在以黑白灰为主色调的权力世界里,拉加德个性十足、干练优雅的穿衣风格,使她成为一道独特的风景。她一头银色短发,显得一丝不苟,走到哪儿都穿着一身精致干练的高级套装,搭配一条鲜艳的围巾或别致的项链,点缀着考究的胸针、耳环。她只要一出现,就会立刻成为大家注意力的焦点。这本身就是一种独具个人特征的影响力。与魅力十足、善于倾听的拉加德相仿,另一位堪称"社牛"的可口可乐前CEO穆泰康给出的非常具体的领导力建议是,"绝不独自用餐"。

在牛津大学赛德商学院分享自己在可口可乐40余年的工作经验时,穆泰康说:"如果没有在生活中建立良好的人际关系,我就不会是一个好的CEO。人际关系是关键,这也是为什么我总是告诉身边的年轻人,绝不独自用餐。如果你总是一个人吃饭,改掉这个不好的习惯。和别人一起吃,和你从来没见过的人,或是在街上认识的人。我从来不一个人吃饭。如果你独自用餐,你会因此错失机会。"

人际关系既是沟通的目的也是沟通的手段。虽然现在人们已经习惯通过即时通信软件来沟通信息,但这种沟通是短暂零碎，缺乏深度，甚至带有公事公办指令性质的。对处于权力结构最顶端的企业家来说，花时间在面对面的非正式沟通上，听听最真实的吐槽和最随意的想法，以最松弛的状态聊天，建立多维度的人际关系，特别是在消费品行业，非常有必要。

任正非，华为的创始人兼CEO，他不仅领导华为取得了商业成功，还总结出了一套独特的管理哲学。华为能够在全球市场拥有今天的规模和地位，一个重要原因是，华为在企业制度和流程体系方面也是全球化的。从1996年开始，华为多年来支付给美国、德国、日本、英国等国的企业的咨询顾问费用，高达几十亿美元。其中，最重要的是IBM。IBM帮助华为构建了研发、供应链、财务、人力资源、市场等方面的制度和流程。任正非曾经感慨地说："IBM教会了我们怎么爬树。这些投资带给华为诸多回报，但最大的回报，就是给了华为一个国际化的体格和全球化的视野，一个全球通用的标准化语言和行动规范，使得华为有资格、有实力在国际舞台上竞逐。"

2019年初，由于华为产品被禁止进入美国市场，任正非接受了《金融时报》、《华尔街日报》和CNBC（美国消费者新闻与商业频道）等国外主流媒体的采访，回应了外界很多的猜测和疑虑。在采访中，任正非反复强调，他和华为的哲学是开放。他不会因为美国政府和华为之间的冲突，就反对开放、反对美国。即便是在2020年，华为遭遇美国制裁最严重的时候，他还是说：华为必须走向开放，仍然要坚持向美国学习，否则会走向自闭。2023年，当被问到是不是"果粉"时，任正非说："我们也经常探究苹果的产品为什么做得好，也能看到我们与苹果之间的差距。有一个老师是很幸福的，可以有学习机会，有做比较的机会。如果从这些角度来说我是果粉呢，也不为过。"

华为的成功和任正非早期的低调让外界对他充满好奇。他的一句"一杯咖啡吸收宇宙能量，一桶糨糊粘接世界智慧"展现出华为的管理哲学。所谓"宇宙能量"，并不神秘，任正非就是在强调公司要开放，见识比知识还重要，交流常常会使人获得启发。"并不是咖啡因有什么神奇作用，而是利用西方的一些习惯，表述开放、沟通与交流。"任正非曾在内部讲话中多次解释："与别人一起喝咖啡是在交流，吸收外界的能量，在优化自己。形式不重要，重要的是精神的神交。"

宇宙能量也好，世界智慧也好，任正非一再强调的开放、吸收，其实并不新鲜也不神秘，都是指学习和倾听，都是为了自身的成长。因为成功只是短暂的，而成长才是持久的。只有成长，才能走出三重紧张关系的窘境。从某种意义上说,任正非就是华为吸纳"宇宙能量"的风暴眼。

从雷富礼到张瑞敏:用户至上的价值观

宝洁前首席执行官雷富礼被视为英雄般的传奇人物。在不到10年的时间里,他力挽狂澜,在不被外界看好的情况下,带领这家消费产品巨头再创辉煌,将其年销售规模增加至835亿美元,翻了一番。

2000年,雷富礼在美容业务部门被提拔,担任宝洁这家已陷危机的公司的掌舵人,他在一篇文章中详细描述了当时的混乱状况:"公司已宣布无法实现预期的第三季度利润,股价也在一天之内从每股86美元降至每股60美元……在我的任命宣布的那一周内,股价再降11%。许多因素导致了我们当时所处的困境,其中主要是过于雄心勃勃的机构改革,我们的步子过大、步伐过快……但在2000年夏季,我们面临的最大的问题不是公司市值减少了850亿美元,而是信任危机。"面对重重危机,上至股东下至员工,都认为前途黯淡,看不到出路,看不到企业增长点。雷富礼的看法是,增长不是来自外部扩张,不是来自过往的经验,而是来自组织内部的创新,他说:"组织内增长更为珍贵,因为它来自你的核心能力。组织内增长运用了你的创新肌肉。这是一块肌肉,你运用得越多,它就越强壮。"

雷富礼低调、专注。在任期的9年里，他给所有人带来了惊喜。在他的诸多成功经验中，有一点是不可忽略的，9年里，他的口头禅一直是"消费者说了算"。

"消费者说了算"，类似的话，海尔集团创始人张瑞敏也说过。2016年6月，海尔集团以55.8亿美元并购了GE的家电部门。在和GE的500多名高管开会的时候，一名GE的高管向他发问："接下来你想怎么领导我们？"张瑞敏冷静地说："你这个问题提错了，海尔今天兼并了GE，但我们不是你的领导，不是你的上级，只是你的股东。你们的领导和上级与我们的是同一个人，就是用户。"

后来《财富》杂志的记者采访张瑞敏，问他不往GE家电派一个人怎么能管理好？张瑞敏回答说，GE有很好的文化和很好的管理，只要用"人单合一"的模式改变就可以。人单合一，是张瑞敏2005年提出的商业模式，"人"指的是员工，"单"指的是用户，也就是企业在经营过程中，只把为用户创造价值作为唯一的宗旨。用"人单合一"模式，就是把员工创造的价值和用户连接在一起。所以，对于海尔而言，进入海外市场就是形成本土的海尔品牌，用全球资源来创造全球品牌。

在中国企业家中，张瑞敏以勤于思考而著称。他有一句话广为流传："没有成功的企业，只有时代的企业。"他对此解释道："任何企业所谓的成功，不过是踏上时代的节拍，但是，我们是人不是神，谁也不可能永远踏准时代的节拍，所以必须自我颠覆。"如果说出海是今天的时代节拍，要扬帆远航，不管是去墨西哥还是去中东国家，秉持用户第一的价值观都是企业必不可少的。

雷富礼和张瑞敏均成为商界传奇，并非巧合。用户至上的价值观是商界领袖所必需的，它跨越东方和西方，胜过教科书上的千言万语和任何宏大叙事的总裁韬略。

从穆泰康到梁稳根：自我驱动的态度

人们普遍认为，跨国集团 CEO 这样级别的人物出行，不仅应该有浩大的阵仗，而且理应有随从帮助拿包，但是穆泰康说："我从来没有让任何人帮我拿包。我经常说，自己拎包，既是字面意思，也是隐喻。身为 CEO，会有很多人乐意为你提包。绝对不要让这种事发生。"自己拎包，这当然体现了一种友善的品格，但是，更重要的是体现了一种态度。往浅里说，它意味着自己的事情，自己负责；往深里说，它表达的隐喻是我自己的使命，我自己背负。这个细节，伴随了穆泰康的职业生涯，它表达了一种态度，即自我驱动、自我承诺。这种态度，也体现在了三一重工的创始人梁稳根身上。

曾经，在中国掀起的大规模基础设施建设的高潮中，环视全国各处工地，基本成了进口设备的博览会。国产机械设备，由于缺技术、缺品牌，总是被贴上品质低劣的标签。这给创业初期的梁稳根深深的刺激。当时国外的技术被严密封锁，梁稳根瞄准重型机械关键设备的核心技术，几乎是从零开始，踏上了自主创新的艰苦历程。在不到10年的时间里，自主研发的多项专利技术让三一重工获得了中国混凝土机械市场50%以上的市场份额。随着企业综合实力的上升，梁稳根更深刻认识到，要让中国制造成为中国创造，企业必须走向全球市场，与国际一流公司同台比拼。他们先是在海外征地建厂，打造海外研发制造基地，与此同时，在海外并购方面开始谋篇布局。

品牌跃升的机会终于来了。2011年底传来消息：德国有一家混凝土机械制造商普茨迈斯特，因为创始人年迈退休，所以要出售。梁稳根几乎是瞬间就下定决心，一定要把它拿下。因为这家企业在业内素有"大象"之称，几十年稳坐全球行业第一的位置，一直是三一重工学习和模仿的对象。

2012年初，三一重工并购普茨迈斯特的新闻发布会上，在众多镁光灯下，双方的董事长分别取下腕表，将它们作为"信物"进行了交换。交换腕表意味着交换时间，意味着穿越时差，意味着站在对方立场看问题，传递双方对并购之后整合的充分信任。这个小小的举动，就像穆泰康的"自己拎包"一样，展现出一种态度，一种承诺。

事后，梁稳根在一次会上透露，尽管三一重工暗恋"大象"18年，但双方洽谈并购事宜仅花了不到半个月。他说："第一次相见就一见如故。共同的事业追求和价值观，是我们能在半个月内完成谈判的关键。""大象"的董事长也表示，他们见面仅仅几个小时就达成了默契和共识——共同为全行业乃至全世界贡献一个更好的标杆性企业。

在国际化的过程中，三一重工也不断收到国外企业的合作意向，但梁稳根并没有盲目地在国际市场上"买买买"。他始终坚持两点：合资可以，三一重工不能丧失自主品牌和企业控制权；合作可以，三一重工不能丧失进入任何产业的选择权。

从汉高祖到可口可乐：打造多元高管团队

汉高祖刘邦称帝后，分析自己"取天下"的原因时说："夫运筹策帷帐之中，决胜于千里之外，吾不如子房。

镇国家，抚百姓，给馈饷，不绝粮道，吾不如萧何。连百万之军，战必胜，攻必取，吾不如韩信。此三者，皆人杰也，吾能用之，此吾所以取天下也。"而说起自己的对手，贵族出身、号称"西楚霸王"的项羽的失败原因，刘邦说："项羽有一范增，而不能用，此其所以为我擒也。"

如果把汉朝比喻成一家征战四方的初创公司，刘邦就是这家公司的董事长，张良就是首席战略官，萧何就是首席运营官，韩信就是首席执行官。显然，刘邦对三位高管的绩效和能力非常满意。更重要的是，刘邦之所以能任用"人杰"而战胜强劲的对手项羽，用今天的术语来概括，其实是赢在领导力。项羽虽然"力拔山兮气盖世"，却落得"时不利兮骓不逝"的结局，正是输在领导力上。而且，刘邦等四个人组成的管理层还是一个"国际化"的团队：虽然刘邦和萧何是沛县（今属江苏徐州）同乡，韩信来自淮阴（今属江苏淮安），三人都曾算是楚国人，但张良是韩国贵族后裔。

总部位于亚特兰大的可口可乐公司也是多元文化融合的先驱。早在20世纪60年代，该公司就由南非人保罗·奥斯汀（Paul Austin）出任董事长。在保罗之后，可口可乐就有了来自古巴、澳大利亚的首席执行官。可口可乐第12任董事长内维尔·伊斯德尔，出生于英国北爱尔兰，成长于非洲赞比亚，在南非读的大学，服务可口可乐超过40年。他有一套自己的危机管理办法，一次次挽救了濒临崩溃的公司。一直以来，百事可乐都是可口可乐的劲敌，内维尔的拿手好戏是，在开会时，他要求每位与会者都穿着带有竞争对手百事可乐logo（标识）的衣衫，迫使与会者暂时忘却自己的真实身份，从竞争对手的角度发现自身的问题。2008年，穆泰康从内维尔手中接过"权杖"，出任可口可乐首席执行官，他的履历也同样多元。穆泰康生于纽约，当时他父亲是土耳其驻纽约总领事。之后，他在土耳其完成高中学业，在英国赫尔大学学习经济学，然后在伦敦卡斯商学院（Cass Business School）攻读MBA（工商管理硕士）学位。1978年，穆泰康在亚特兰大加盟可口可乐。对于领导力，他的建议是："一家机构任何一个部门的领袖都需要具备一种能力，那就是在同一天、同一个小时里，既能高飞翱翔至1万英尺（1英尺合0.304 8米），也能俯身下沉至2 000英尺。不要让自己迷失在细节里，但当你贴近地面时，要明确知道自己在看什么。这对CEO来说尤为重要。"

　　让人意想不到的是，曾经执掌可口可乐大权的穆泰康，当年在可口可乐的第一份工作竟然是开货车。他在一张报纸的招聘广告中找到了这份工作。每天凌晨3点起床，把饮料装车，分销，再把它们从车上搬下来，送进商店。这段经历让他明白作为公司一把手，掌握一线的情况有多么重要。因此，每周他都会走访一家商店。"（在可口可乐工作的）41年里，每周我都会走入商店，包括度假的时候，没有例外。我还会拍照记录。每逛完一家店铺，我都觉得自己有了新的收获。"

CEO们丰富而曲折的异国经历并不是摆设。有学者研究发现，在国外生活一定的时间是提升个体创造力的必要条件。如果仅仅是在国外短期旅游，这对创造力的提升并没有帮助。还有学者通过深度分析世界270个时尚品牌11年的数据发现，创意总监在国外工作的经历，能够显著地帮助其预测时尚品牌的创新指数，即创意总监在国外工作的时间越长，其所管理品牌的创新指数就越高。但是，创意总监所工作过国家的数量与时尚品牌的创新指数无关。一项关于跨文化与创业的研究表明，亲密的跨文化社会关系有助于提升创造力、创新和创业精神。该研究发现，一个人回国后与国外的朋友交往越密切，就越有可能自立门户，进行创业。具体而言，交往密切程度每增加1个单位，创业的概率就会增加0.11个单位。

关于国际化，被誉为"第一CEO"的杰克·韦尔奇曾经说："我们必须把最优秀、最聪明的人才派到海外，确保他们接受适当的培训，能够成为带领通用电气公司在未来继续辉煌的全球领导者。"在可口可乐的领导力学院，也有类似"走出去"这门课的课程：有潜质的管理新星会被派往世界各地学习，用整整六周时间来实现领导力质的提升。可见，不管是东方还是西方，不管是 2 000 年前的先贤还是曾经的"第一 CEO"，都强调领导力来自实践，来自战场，尤其来自不同文化的洗礼和滋养。

现代工商企业一路浩浩荡荡的发展，推动了对职业经理人的大规模需求。在人才市场上，高管是稀缺人才，而 CEO 人选更是炙手可热。在著名的杰克·韦尔奇退休继任战中，进入三强的候选人中，角逐失利的鲍勃·纳代利（Bob Nardelli）在韦尔奇揭晓答案的 10 分钟后，就拿到了家装零售巨头家得宝的 CEO 聘书。吉姆·麦克纳尼（Jim McNerney）在得知角逐失败消息的 10 天后，宣布出任 3M 公司 CEO，并在几年后执掌波音。甚至连没能进入候选人名单的高德威（Dave Cote）也转身离去，成为一家汽车零部件巨头的 CEO，几年后出任了通用电气一直试图吞并的另一制造业巨头霍尼韦尔的 CEO。

对于踏上出海征程的企业来说，在 BANI 时代面临更加复杂多变的局面，企业的生存和发展取决于它的应变能力，取决于它是否能跟上外界环境变化的规模与速度，取决于它是否以全球战略眼光来进行全球资源整合。而这些应变归根结底，都有赖于企业掌舵者。对企业来说，CEO是第一生产力。他们的观念与视野，决定了企业的航向与前景。特别是在关键决策中，掌舵者的全球胜任力甚至决定了企业出海的终局。从任正非、李书福、张瑞敏、梁稳根这一代企业家身上，我们可以看到，全球胜任力不仅仅是一种认知，也是一种开放态度，更是一种面对多样性和变化时灵活应对、解决问题的技能。

第七章　数字化赋能出海

> 经营企业，是许多环节的共同运作，差一个念头，就决定整个失败。
> ——松下幸之助

有人说，"哪里有数据冒烟，哪里就有业务起火"。对于鞋服行业来说，库存业务就是一项一直在起火的业务。过去鞋服行业企业一般会在产品上市前18个月设计生产产品，但是产品在上市后是否符合市场需求存在很大的不确定性。针对业务时常起火的局面，安踏集团实施了全渠道数字化项目，基于数字化能力推行全渠道"一盘货"的理念，将线上线下所有渠道的库存流转打通，通过最小化库存实现最大化销售，并通过整合物流，降低仓储成本，减少无效调拨，成功降低了期货生产占比，快速响应了市场需求。

库存危机让安踏意识到了把握市场信息并及时做出反馈的重要性。在数字化改造的同时，安踏开始减少代理层级并增设直营店铺，在管理模式上也走向扁平化，从而完成从品牌批发商向品牌零售商的转型。

当数据成为商业世界的新原材料，数字化也成了企业竞争力的底盘。从某种意义上说，数字化落实到企业运营管理上，就是将企业现实运营的全过程、全方位的数据收集起来，在系统中利用算力进行模拟，将数据反馈到现实世界，从而指导企业未来的决策和行为，并推动业务增长。数字化的核心是连接一切，使企业实现数据的实时共享、实时传递，以及实时数据分析，从而实现决策执行。

我们归纳总结的数字化出海模型就是企业基于新一代数字科技，以连接为核心，以国际接轨为准则，以安全为底线，以数据为关键要素，以数据智能为新质生产力，实现企业战略和业务价值，推动商业模式的创新与重塑。

本章，我们通过安踏、联想、希音、特斯拉等公司的案例来阐述数字化出海模型的三个底层概念，包括数字化连接、国际化接轨和全场景安全，并分别提供相应的问卷和评估方法。在下一章，我们将着重讨论数据智能。

数字化出海模型

数字化出海的经济模型（见图7-1）体现了企业利用数字化技术提升管理效率、增加营收并影响商业战略的多层次过程。该模型包含五个核心层次：基础生产要素层，基础生产力层，新质生产要素层，新质生产力层，以及企业发展层。下面将逐一拆解。

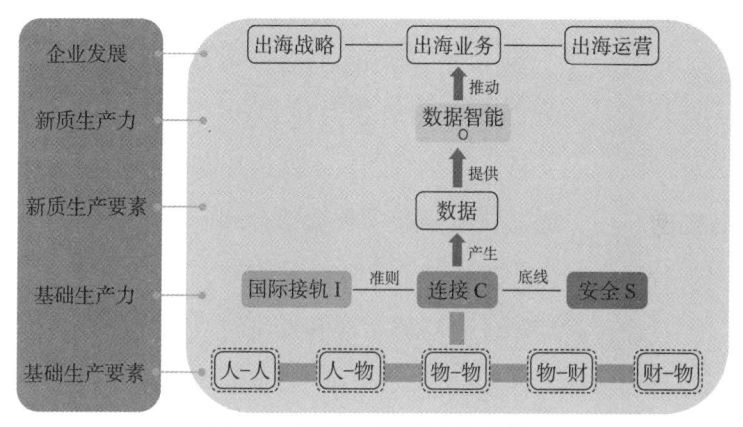

图 7-1 数字化出海的经济模型

基础生产要素层：聚焦于人、物、财三要素，强调人力资源的重要性、物质资源在生产中的作用以及财务资源对组织运作的支持。协同效应和供应链管理是此层的关键，通过优化连接和整合资源，提高组织效率和市场竞争力。

基础生产力层：着重于数字化生产力，包括连接、国际接轨和安全。企业通过连接产生业务数据，通过国际接轨促进数据的标准化和互操作性，采用安全技术以保护数据资产，形成数据资产管理框架，从而实现数据的有效管理和利用。

新质生产要素层：数据作为新质生产资料，具有革新生产过程、优化资源配置、积累知识和信息、增强网络效应、实现个性化与定制化、支持风险管理和决策、激发创新与新业务模式、融合生产要素等显著特点和经济意义。

新质生产力层：基于数据，通过数据智能技术，结合多种技术从大量数据中提炼出有价值的信息和知识，为决策提供智能支持。数据智能技术的应用包括数据模型和数据的应用，通过技术中台、数据中台和业务中台的构建，实现数据资产化，推动企业数字化转型。

企业发展层：涉及战略、业务和运营三个层面，数字化和数据智能在此起到关键作用，有助于企业提升管理效率、发现新增长点、优化商业模式。数据智能推动传统企业转变为平台型企业，整合供应商和消费者，挖掘更大的价值创造潜力。

数字化出海的四个关键要素——连接、国际接轨、安全、数据智能——相互依存、相互促进，共同构成企业在全球市场中进行数字化转型和参与国际竞争的基础。连接是数据生成和流动的基础；国际接轨促进数据的标准化和互操作性；安全保障数据资产的完整性和安全性；而数据智能则是数字化出海的核心，结合多种技术提炼信息和知识，推动企业快速响应市场和做出决策。这四个要素相互作用，形成推动企业在全球市场中数字化转型和竞争力提升的有机整体（见图7-2）。

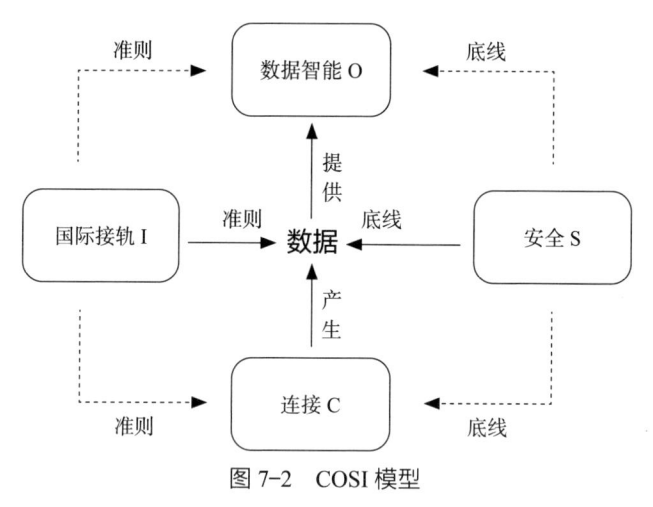

```
                        准则                     底线
          ┌─────┐    ────────→  ┌──────────┐  ←────────
          │     │                │ 数据智能 O │
          │     │                └──────────┘
          │     │                     ↑
          │     │                     │提
          │     │                     │供
  ┌──────────┐  准则              ┌──────┐              ┌──────┐
  │ 国际接轨 I │ ────────→       │ 数据 │ ←────────    │ 安全 S │
  └──────────┘                   └──────┘   底线       └──────┘
                                     ↑
                                     │产
                                     │生
                                 ┌──────┐
          ────────→             │ 连接 C │  ←────────
                准则             └──────┘      底线
```

图 7-2　COSI 模型

所谓数字化，就是将数据转化为信息，将信息转化为洞察力的过程。这在出海的场景下尤为重要。在数字化时代，企业的经营模式正在经历一场深刻的变革。传统生产要素——人、物、财的简单组合已不足以支撑企业的持续发展和竞争力提升。取而代之的是，连接这些要素的新方式，它不仅改变了生产过程，还催生了新质生产力。

企业的运作本质上是人、物、财三种生产要素的相互作用和连接。这种连接不是简单的物理结合，而是信息、知识、资源流动的渠道。

科技企业联想有一个著名的"18条热线合一"的故事。按照原先的业务模式，联想每开发一个产品就要申请一个400开头的客服号码,最后,全集团竟然有18条客服热线。从用户视角看,这非常让人头疼:有问题到底打哪条热线?与此问题类似,原先合作商和联想做生意有些麻烦,联想员工看报价要进入报价系统,培训要进入培训系统,签约要登录签约系统……各个系统之间没有打通,合作商需要历时2~4周,经过联想多个部门的层层审批才能拿到报价。现在,通过数字化改造,联想将多条热线统一整合成一条热线,合作商从提申请到拿到报价只耗时10分钟。这背后的核心是端到端搭建全新的业务模式,让人、财、物三种生产要素流通起来。从联想的经验看,数字化转型不是简单的IT工具的堆积,而是从战略到业务模式、流程、组织、文化、人才的全面连接和转型。

  安踏集团是近几年因海外并购而实现跨越式发展的典型代表。安踏数字化战略是从业务逻辑出发,通过应用场景、数字化机制,匹配组织、技术能力,全面保障数字化改造的落地。以生产端的数字化转型为例,安踏智能化、数据化、标准化、一体化的工厂,可以实现从裁剪、配料、车缝、整烫、包装、装箱的全品类、全流程贯通式生产,一条生产线可以同时制作超过50个品类的产品。从2012年3月投产至今,安踏生产方式的改变带来了巨大的效率提升，曾经做一件衣服至少要半个月，如今只需3个小时。

数字化转型不是一种选择，而是一种必然。转型必然伴随着风险，但数字化转型成功之后的效益提升，不是做加法，而是做乘法。安踏提供的数据显示，由于数字化转型，智能工厂的流程优化率达到30%以上，相同产品人均效率提升18%~35%，产能效率提升21%~28%；管理层精简15%，成本降低11%。正是基于数字化转型，安踏内部销售端和供应链端的信息相互打通，生产需求能够实现灵活调整，库存周转更快，且消费端体验更佳。随着改造的深入，安踏数字化转型的价值还在持续释放。

连接不是"表面"的数字化，而是多部门的协同，甚至需要企业在组织架构上大破大立。从实践中，安踏发现，数字化实际上是IT能力和业务场景的高度集成。数字化最终的成果是提效率、增流量、降成本、减库存，甚至当集成程度达到一定水平时，可以创造新的业务需求，带来真正意义上的增长。

我们为什么在模型中强调标准和数据的重要性呢？还是以安踏为例，过去，安踏面向全球的窗口只是一个官网、一个接口；后来，随着人们个性化需求越来越强，安踏就推出了一个所有的数据和标准由总部提供和制定，但区域市场可以根据消费者的不同诉求实现定制的策略。对于每一个地区，官网可以根据区域市场特点来匹配商品。这个改变直接带来下单人数和转化率的大幅提升，销售流水快速增长。

随着人与人、人与物、物与物之间连接的增强，企业开始积累大量的业务数据。这些数据积累到一定程度以后，就成了企业重要的资产。在新能源汽车的浪潮中，特斯拉成为整个行业的推动者之一。特斯拉的数据主要来源于其全球范围内的车辆和数据中心。这些数据包括生产数据、销售数据、服务数据、充电数据以及行驶数据等。在中国，特斯拉已经建立了本地数据中心，以确保将所有在中国市场销售的车辆所产生的数据都存储在境内。具体来说，特斯拉的数据来源可以分为现实车队数据和模拟仿真数据两部分：

现实车队数据：通过车辆传感器收集的真实世界数据，例如车辆的行驶里程、速度、方向，以及位置、制动事件、加速事件、充电状态等信息。这些数据有助于提升自动驾驶系统的准确性和可靠性。例如，对大量视频数据的分析，可以显著降低因将"静止车辆"视作"待行车辆"而错误发出停止指令的概率。

模拟仿真数据：提供现实世界中难以获得的数据来源，进一步提升获取相同场景数据的效率。通过基于真实世界数据进行的不同路标、天气、道路线等条件下的模拟，车辆行驶的准确率和道路构建的质量得以提高。

此外，特斯拉还利用云端芯片 D1 与超算系统 Dojo 对海量数据进行了高效训练，不断提升算法感知、规划、决策、控制与仿真模拟环节的能力。这种大规模的数据采集和深度学习训练模式，使得特斯拉能够持续迭代其 FSD（全自动驾驶）算法，从而有助于其实现完全自动驾驶的目标。

这些数据不仅用于提升自动驾驶技术，还用于优化车辆性能、改进产品设计、提高售后服务质量以及满足法律要求等多方面。例如，特斯拉的服务技术人员可以通过访问遥测系统或传输存储在车辆中的数据，进行故障排除，车辆质量评估，功能和性能分析，以及设计改进。

总之，无论是国际新能源汽车巨头特斯拉，还是中国出海经验丰富的联想集团、安踏集团，都通过整合和分析人、财、物连接产生的海量数据，实现数据加工、数据计算、数据建模、数据治理，开展多维度的数据洞察，让数据真正赋能业务和管理，为企业创造价值。

数字化连接，打通才是目的

数字化连接是企业出海过程中的关键，它产生数据，并作为业务、技术、用户和市场之间的桥梁。从数字化的视角来看，企业出海特别指的是这种数字化连接，它构成了企业的全球数字化纽带，既是支撑业务的基础，也关系到业务本身、业务拓展和数字化转型。

这里讨论的连接不仅仅是物理层面的连接，如网线或电话线连接，而且超越了 OSI（国际标准化组织）提出的七层协议模型中的物理层，涉及更高层次的数据链路层、网络层，甚至应用层。连接强调的是双向互动，而非单向的信息传递，它要求多个技术系统和设备之间，甚至流程之间的互动。所以说，连接本身只是手段，各个层面的打通才是最终目的。

接下来，我们将通过一个成熟度模型来分析不同连接的发展阶段（见图 7-3）。这个模型将定义四个不同的成熟度阶段，从而帮助企业了解如何提升连接的成熟度。

人和人的连接是高频出现的需求。总部和海外工厂的业务沟通是出海企业最常见的业务场景。一家总部位于长三角地区的新能源供应商首次将业务拓展到非洲，并在那里设立了几家工厂。公司只派遣了少量员工，作为那里的骨干，其他员工均为当地人。每周，公司总裁都会通过视频会议与当地工厂员工进行沟通，以了解库存和工作进度等情况。

1. 人－人连接

人员沟通协助，即时的文本、语音、视频沟通，提供移动办公、远程会议等通信串联和全球的一致性的用户体验，特别是人与人直接且及时的连接、沟通和业务访问。

2. 物－物连接

连接基于车联网、工厂产线、设备、机台、工业自动化设备、传感器等IoT（物联网）和OT（运营技术）领域的多种终端，实现万物互联；

IOT、OT等万物互联数据采集和整合，数据呈现和数据挖掘，生产业务洞察等；

针对出海流程的数据采集、数据呈现、数据挖掘、数据合规、流程优化等，提供完整的信息连接服务。连接数据包括业务数据、IT基础架构数据、IT应用数据等。

3. 网－网连接

基于多种网络形式，串联了出海企业全球网络，覆盖了园区网、广域网、AI网络、私有云网络以及多种公有云，使它们实现无缝衔接。

基于云连接管理平台，借助云管方式，可以帮助出海企业迅速实现连接在线、管理在线、灵活敏捷以及全球运维策略统一等。

图 7-3　企业全连接层次

然而，在视频会议中出现了令人尴尬的情况：总裁在要求非洲当地员工共享屏幕时遇到了麻烦——语音不同步，视频画面清晰度差。会议变成了非洲员工向总裁的单向汇报，总裁不能实时沟通，深入了解非洲当地的情况。公司这才意识到，在海外业务中，不能简单地沿用国内的IT

配置。在出海阶段，选择服务商时，除了考虑业务需求、应用场景、用户体验和成本，还应深入考虑服务商背后的架构，包括全球站点的数量和分布，以及其对全球部署的理解和对极端环境下应对策略的把握。最后，企业选择了一个全球化部署的云视频会议 SaaS（软件即服务）系统，它支持多站点全球化的连接，可解决基础架构不足的问题。

跨时区和跨地域的问题使得团队成员很难找到合适的时间聚集在一起沟通，而协作工具允许团队成员在任何时间、任何地点进行即时的沉浸式沟通，比如在线白板，内嵌了丰富的工具和模板，可以帮助团队成员快速捕捉和展示想法。语言差异在面对面交流中可能是一个障碍，但在线上环境中，在线翻译工具可以帮助克服这一障碍，让语言背景不同的人能够相互沟通。

这个案例说明了协作平台在企业业务活动中的重要性。无论是对内还是对外沟通，企业都需要一个高效的工具来促进人与人之间的交流。一个有效的协作平台能够跨越地理界限，连接不同地区的员工，促进信息流通和业务协同，否则企业在出海时将面临巨大挑战，这不仅影响业务运营，还可能影响企业文化和团队凝聚力。

物联网作为互联网技术的一个扩展方案，最初的应用是为了实现物与物、物与人、物与网络之间的智能连接。

随着技术的进步，物联网使得互联网的功能更加多样化，不再仅仅局限于人与人之间的沟通，还包括了设备、系统和整个环境的智能互联。

物与物连接的重要性在于，相比全球人口（约 80 亿），地球上的物体数量是万亿级别的。企业出海时，需要连接的设备数量远超几十亿的规模，设备包括传感器、汽车、生产线上的机台以及工业自动化设备等。这些设备需要通过 IT 与 OT 的融合，实现万物互联。

从生产管理的角度来看，供应链的透明性对于企业内部经营和管理至关重要。企业需要掌控物的数据，如传感器数据，同时客户也可能希望了解生产状态数据。因此，物与物的连接有助于中国企业在全球范围内实现智能制造和本地化生产，以满足不同国家消费者的需求，实现工业物联网设备的串联。

我们知道，快时尚行业竞争激烈，消费者对新品的需求变化快，这对供应链的响应速度和灵活性提出了高要求。中国出海企业希音正是凭借"小单快返、柔性制造"的模式，成功实现了快速上新、库存优化、成本控制和高品质交付，在快时尚行业异军突起。

众所周知，希音拥有强大的供应链优势，其供应链的数字化和柔性化使得其在快时尚领域脱颖而出，希音是如何做到的呢？这当中，通过物联网建立物-物连接是秘密武器之一。这里仅分析容易"起火"的库存业务这一环节。希音的仓库分布在不同地区，每个仓库占地面积为3万~4万平方米，由三层金属架板搭建，每层层高1.9米左右。如此恶劣的仓库环境对无线通信性能有着非常严苛的要求。库存货物以衣物为主，在封装上没有采用盒装的包装方式。衣物的主要特点是小和柔软。因为衣物的这个特点，希音在仓储管理上无法采用机械手等自动化设备分拣的方案，而需要靠纯人工分拣和扫码入库。扫码枪在随着工作人员不断地做物理移动并且移动速度非常快的时候，便对无线网络的漫游和稳定性提出了很高的要求。不仅如此，在数字化改造过程中，希音还要求一件商品的扫码分拣时长从10秒降到2秒之内。另外，希音早期选择的技术在货物装箱扫码过程中时常出现"漏码"和"丢码"问题，导致工人分拣数据和装车数据不一致，工人不得不将所有装车的货物全部拆开并重新扫码，再加上仓库大多分布在城郊区域，交通不便，本地也没有配备专业的IT人员，所以效率极为低下。进行物联网改造之后，通过物-物连接技术，希音实现了生产过程的实时监控、库存的精准控制和物流的高效运作。这使得希音能够快速响应市场变化，及时调整生产计划，降低库存风险。

企业在全球化进程中，需要精心规划其网络布局，以支持人与人之间、设备与设备之间的连接。出海企业的业务触角遍及全球，涉及生产、研发、运输、销售和售后服务等多个环节，每个环节都需要相应的网络承载形式。网络的承载形式多种多样，包括园区网、广域网、AI 网络、云网络以及多种公有云之间的连接等。在全球范围内扩大业务活动，会导致网络复杂度成倍甚至指数级增加。因此，构建高效、稳定的网络连接对于企业至关重要。它不仅关系到企业内部的沟通和协作，也是企业在全球市场中保持竞争力的关键。

对于出海企业，"连接"的价值尤为显著（见图 7-4），它不仅关乎企业能否在全球范围内提供无缝衔接、安全的网络基础设施，实现人员与资源的有效连接，更是企业数字化转型和全球业务拓展的关键。根据麦肯锡、IDC（国际数据公司）和思科的报告，利用运营技术数据，约有 46% 的公司能够提升生产效率，43% 的公司能够优化业务流程；在翻译场景中，数字化带来的效率提升极为显著，提高了 164%。

在全连接的背景下，出海企业商业价值的实现得益于数字化的深度应用。比如，迈瑞医疗就是出海企业在连接层面成熟度高的一个案例。作为在中国本土成长起来的全球化医疗设备创新者和领导者，迈瑞医疗拥有约 1 万名员

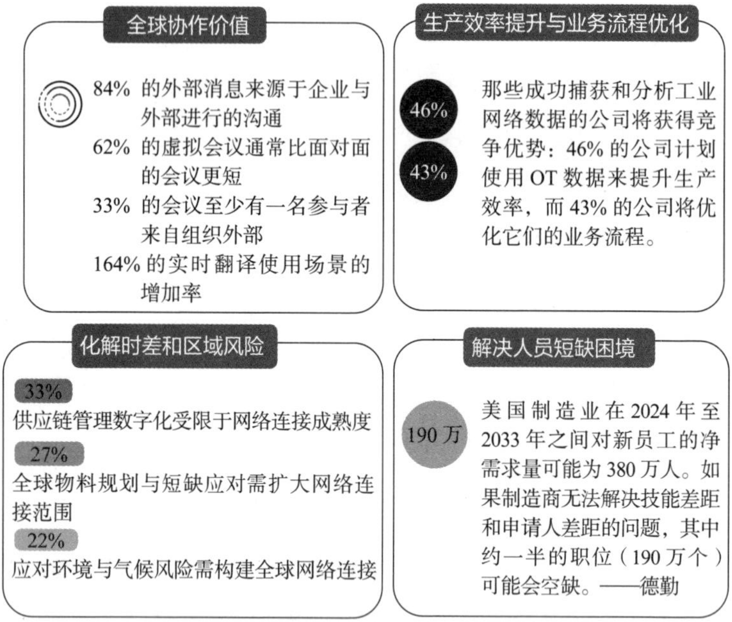

全球协作价值

- 84% 的外部消息来源于企业与外部进行的沟通
- 62% 的虚拟会议通常比面对面的会议更短
- 33% 的会议至少有一名参与者来自组织外部
- 164% 的实时翻译使用场景的增加率

生产效率提升与业务流程优化

46%
43%

那些成功捕获和分析工业网络数据的公司将获得竞争优势：46% 的公司计划使用 OT 数据来提升生产效率，而 43% 的公司将优化它们的业务流程。

化解时差和区域风险

- 33% 供应链管理数字化受限于网络连接成熟度
- 27% 全球物料规划与短缺应对需扩大网络连接范围
- 22% 应对环境与气候风险需构建全球网络连接

解决人员短缺困境

190 万

美国制造业在 2024 年至 2033 年之间对新员工的净需求量可能为 380 万人。如果制造商无法解决技能差距和申请人差距的问题，其中约一半的职位（190 万个）可能会空缺。——德勤

图 7-4 全连接赋予出海企业商业价值

工，其中外籍员工超过 12%。迈瑞医疗构建了一个全球协作平台，该平台实现了不同软终端、硬终端的连接，其中包括音视频解码、同声翻译等先进工具。对于出海企业而言，强大的全球协作平台是必不可少的，它不仅能够提升企业的沟通效率，还能够推动企业在全球范围内实现资源的优化配置和业务的协同发展。

最终，我们关注的是如何实现全连接。这里将提供基于全球最佳实践的全连接成熟度模型。这套模型可用来评

估企业的全连接成熟度，企业可以此作为依据，制定适合自身的出海数字化连接发展战略。

我们的评估方法是对出海企业在每个连接领域的水平进行打分，赋予每一项不同的权重，满分为 100 分，最终将评分与成熟度级别相对应。通过这些评估得出的等级为出海企业提供了连接领域的发展方向和行动指南。

图 7-5 提供了基于全球最佳实践的全连接成熟度模型，这一模型根据我们在连接领域的全球最佳实践得出。

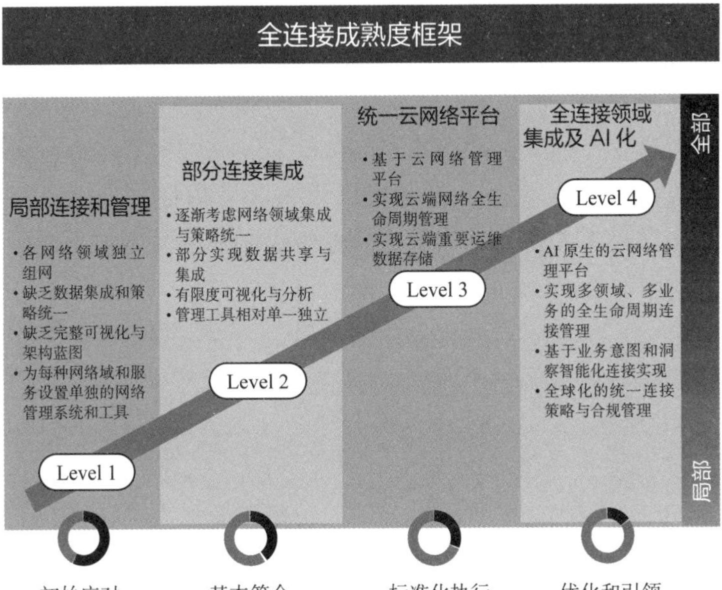

全连接成熟度框架

Level 1 局部连接和管理
- 各网络领域独立组网
- 缺乏数据集成和策略统一
- 缺乏完整可视化与架构蓝图
- 为每种网络域和服务设置单独的网络管理系统和工具

Level 2 部分连接集成
- 逐渐考虑网络领域集成与策略统一
- 部分实现数据共享与集成
- 有限度可视化与分析
- 管理工具相对单一、独立

Level 3 统一云网络平台
- 基于云网络管理平台
- 实现云端网络全生命周期管理
- 实现云端重要运维数据存储

Level 4 全连接领域集成及 AI 化
- AI 原生的云网络管理平台
- 实现多领域、多业务的全生命周期连接管理
- 基于业务意图和洞察智能化连接实现
- 全球化的统一连接策略与合规管理

初始应对　基本符合　标准化执行　优化和引领

图 7-5　企业全连接成熟度模型

与国际接轨：站在巨人肩膀上

与国际接轨，是企业在出海过程中实现全球一体化的必然选择。因为企业今天在发展出海业务时，本质上是把国内的业务能力扩展到全球。但因为不同国家或地区之间在许多方面存在差异，比如法律法规、文化、行业标准、数据规范和数据要求。这些客观存在的差异会导致成本增加和效率降低，但企业又无法回避。企业应对的办法就是通过标准来平衡它们，即通过标准化、规范化，采纳行业内的最佳实践经验，将跨国业务中的损耗和摩擦降到最低。同时，与国际接轨也能帮助企业在面对差异的情况下，通过标准的语言建立上下游供应链之间的信任和合作关系。这个过程需要企业结合自身业务特点和业务发展的不同阶段，从学习、采纳到执行标准，进行长期的标准化运营。

我们将从与国际接轨的角度来探讨几个关键方面：政策、法律与文化，财务与税收规则，行业规范与标准，以及数据隐私与信息安全（见图7-6）。我们将每个方面视为一个独立的标准领域。我们通过数字化能力来评估我们的业务在国际发展中达到了何种程度，并将这个过程根据成熟度分为四个阶段。

> **1. 政策、法律与文化**
> 出海企业需了解并遵守目标地的政策、法律，包括贸易法规、税收政策、劳工法和环境保护要求，尊重目标地的文化，并选择合适的市场策略。
>
> **2. 财务与税收规则**
> 出海企业需考虑当地的财务规范和会计准则，采用合适的税收模式。
>
> **3. 行业规范与标准**
> 出海企业需考虑一些行业特定的生产规范、质量标准和安全认证。
>
> **4. 数据隐私与信息安全**
> 出海企业需遵循国际数据隐私法规，确保信息安全，通过加密、访问控制等措施保护数据，防范网络威胁。

图 7-6　企业与国际接轨的关键方面

根据我们多年来对全球企业的观察，企业在出海时，最佳实践一定是在总部制定标准化框架。这里的标准化框架，既要明确指出企业在全球扩张和更新迭代期间的发展框架，也要详细列举企业面临的各个出海目的地差异所带来的挑战。简单来说，标准化框架的指引可以帮助企业在出海这个复杂场景下，更高效并更有层次地求同存异，在各个区域目标明确，责任清晰。

具体来说，中国出海企业将面对各个地方在文化、法律、政策等方面的差异；相关知识体系需要企业长期积累才能获得，而出海企业面对瞬息万变的商业机会，需要尽快开展业务。在此种情况下，出海企业借助合适的伙伴，即依靠专业的成功经验，遴选那些已经在当地被广泛认可、有成熟实践的合作伙伴，可以避免踩雷和入各种"坑"，同时，利用合作伙伴的资源和网络，可以加速市场渗透和品牌建设。

标准化的目的在于不断探索不同企业业务逻辑的相同特点，并总结相应的最佳业务流程，这个流程本身是标准化的。在应用和数据层面，所有企业可以按照统一的方式操作；但企业在此方面又是弹性且可伸缩的，企业可根据用户身份及各个地区差异预留调整的区间。这个标准化的最终结果其实就是实现对企业在业务发展过程中的最佳实践指导。

今天，数字化是企业出海重要的抓手，而标准化则是数字化出海的保障。它们可以最大限度地消除海外各地人员在理解和操作上的误差和随意性。企业将标准化的要求通过数字化贯彻到每个环节，可减少在执行过程中由差异化产生的冲突和摩擦。在硬件方面，企业也可以采取标准配置。比如，何种规模的分支机构，采取哪些型号的硬件设备。当全球同类分支机构的硬件配置型号都一致时，测试、更新都可以统一做，这样方便各地对接。同一型号设备采购量成规模，也便于企业谈判。

值得注意的是，在生物医药等一些专业性强的领域，建立在信任基础上的合作关系能够提高整个行业的效率。当遵循公认的高标准时，企业便减少了不合规导致的额外审查，也就减少了成本，包括时间成本。相反，企业如果缺乏标准或不遵守标准，效率将会降低，影响自身长期发展。药明生物作为全球领先的生物制药领域的合同研究、开发和生产公司，就是一个典型的案例。

在出海过程中，药明生物遇到一系列挑战。首先是在多地出现合规性问题。不同国家或地区的监管法规存在差异，药品生产标准、认证要求（如 FDA、EMA、CFDA 等）以及合规审查流程不同，中国企业在不同地区同时满足复杂且多变的法规是一项巨大的挑战。其次是质量管理的一致性问题。生物制药企业要确保在全球不同生产基地生产的产品质量一致，必须实现标准化的生产流程和质量的控制。除此之外，全球化生产带来了跨国供应链和物流的复杂性，企业需要实时跟踪和管理供应链各个环节，确保原材料、半成品和成品的安全和高效流转。在全球范围内同时运营多个生产基地，意味着企业需要一个强大的数字化平台来集成和实时监控所有生产基地的数据，以确保各地生产的同步性和可追溯性。

为了满足全球客户的需求，药明生物提出了"全球双厂生产"战略。实施这一战略面临的主要问题在于如何在全球范围内统一和标准化自身的生产和质量管理体系。为此，药明生物采取了积极的数字化转型策略，通过部署集成化、标准化的ERP（企业资源计划）核心系统，实现了供应链一体化整合，提升了运营管理的效率和柔韧性。依托数字化人力资源解决方案，药明生物还加速了人力资源转型，提升了管理效率。

与药明生物签约的合作伙伴，可以选择药明生物在中国、美国和欧洲国家的任意两个基地进行商业化生产，从而保证产品的全球供应，同时消除在不同供应商之间进行技术转移的风险。这是由生物制药跨国公司的商业化生产模式决定的。通过与国际接轨，出海企业解决了合规性风险、质量差异，以及供应链、成本等方面的问题。

企业在全球化运营中，数字化不仅是一个核心要素，更是在激烈的国际竞争中高效运营的手段。通过有效数字化运营，企业往往能够更好地应对合规、质量和供应链方面的挑战。在这个过程中，企业相当于站在了巨人的肩膀上，利用通用服务来提升自身的业务能力。当然，真正的业务巨人是客户，他们通过利用这些服务，能够更好地实现自身的业务目标。

我们推荐一套方法来评估企业在国际接轨成熟度模型（见图 7-7）中的位置，企业可以此作为依据制定适合自身的国际接轨发展战略。

我们的评估方法是对出海企业在每个国际标准领域的水平进行打分，赋予每一项不同的权重，满分为 100 分，最终将评分与成熟度级别相对应。

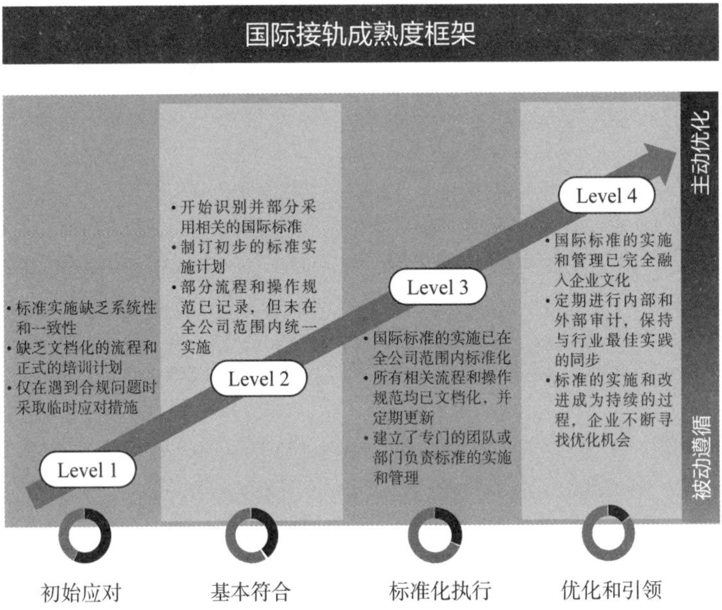

国际接轨成熟度框架

- Level 1
  - 标准实施缺乏系统性和一致性
  - 缺乏文档化的流程和正式的培训计划
  - 仅在遇到合规问题时采取临时应对措施
- Level 2
  - 开始识别并部分采用相关的国际标准
  - 制订初步的标准实施计划
  - 部分流程和操作规范已记录，但未在全公司范围内统一实施
- Level 3
  - 国际标准的实施已在全公司范围内标准化
  - 所有相关流程和操作规范均已文档化，并定期更新
  - 建立了专门的团队或部门负责标准的实施和管理
- Level 4
  - 国际标准的实施和管理已完全融入企业文化
  - 定期进行内部和外部审计，保持与行业最佳实践的同步
  - 标准的实施和改进成为持续的过程，企业不断寻找优化机会

初始应对　基本符合　标准化执行　优化和引领

图 7-7　企业国际接轨成熟度模型

底线：全场景安全

2023 年 11 月 10 日，中国工商银行的美国全资子公

司工银金融服务有限责任公司（ICBCFS）在官网发表声明，称当年 11 月 8 日遭受了勒索软件攻击，导致部分系统中断。随后，黑客组织 LockBit 在即时通信软件 Tox 上宣称对此次攻击负责，并透露 ICBCFS 支付了赎金，但拒绝透露具体金额。

攻击发生后，受到攻击的系统被迅速隔离，工行总部和其他海外分支机构未受影响，但 ICBCFS 无法清算待处理的美国国债交易，不得不通过 U 盘发送结算数据。据报道，这次事件影响了高达 90 亿美元的业务，最重要的是对工行的信誉造成了严重的负面影响。据推测，黑客组织选择攻击工行，很可能是由于工行在全球银行业中的地位举足轻重，而且有足够的财力支付巨额赎金。出海企业面临的网络安全问题的严峻性，由此可见一斑。

中国出海企业，尤其是美国分公司，之所以成为网络攻击的重点目标，一个重要原因是这些企业对《萨班斯-奥克斯利法案》（Sarbanes-Oxley Act，简称"SOX 法案"）非常敏感，在权衡利弊后，这些企业很可能会选择支付被勒索的高额款项。SOX 法案是一部旨在防止企业欺诈的美国法律，在美国开展业务的上市公司必须遵守该法案。该法案颁布的背景是，21 世纪初，美国发生多起震惊世界的金融丑闻，涉及企业包括安然、世通和泰科公司。

对于出海企业而言，确保全场景的安全，简单来说就是采取一系列措施和策略，目的是保护企业免遭各种潜在威胁和风险，确保企业的资产、信息、员工和运营的安全与稳定。因为公司安全所涉及的内容过于广泛，所以我们从一个可以量化和评估的角度出发，通过在不同领域进行评估，绘制了五个关键领域，分别是身份安全、设备安全、网络安全、应用安全和数据安全（见图 7-8）。这五个领域是业界普遍认为的可以查看企业当前安全成熟度的领域。

前文中的工商银行案例就说明了网络安全的重要性。出海企业有大量数据通过网络传输，网络的安全性直接关系到企业数据系统（及其运营）的完整性、可靠性和稳定性。实际上，随着网络攻击手段日益复杂和网络攻击日益频繁，我们必须将网络安全视为一项重要的任务来评估。备受关注的奥雅纳公司被 AI 变脸诈骗事件就是一个涉及身份安全问题的典型案例。

奥雅纳公司于 1946 年在英国伦敦成立，现已成为全球最大的工程顾问公司之一，在全球拥有 34 个办事处和大约 18 500 名员工。奥雅纳参与了许多享誉国际的标志性建筑建设和幕墙工程，例如，悉尼歌剧院，巴黎蓬皮杜艺术中心，香港汇丰银行大厦，北京的国家体育场（又名

1. 身份安全

身份构成了安全韧性架构的核心组件。最小特权访问是安全韧性体系的基础，它成功与否取决于能否确认获得访问权限的实体的身份。安全韧性体系不再仅使用密码验证身份，还在其与服务或者数据互动的过程中，采用多因素组合验证并持续确认身份。

2. 设备安全

在安全韧性体系中，企业必须能够随时随地监控、隔离、保护、控制和移除连接到网络的每台设备。安全韧性体系不仅要验证用户身份，还要确保用来访问服务和数据的设备的完整性。

3. 网络安全

网络不仅是园区和数据中心网络，其边缘可一直延伸到远程工作场所，可以是远程访问链接或云连接点。交换基础架构、无线网络或 VPN（虚拟专用网络）/ZTNA（零信任网络访问）等访问层应具备验证用户身份、提供分段服务等核心功能，并能够提供响应和补救措施。

4. 应用安全

企业必须能够为应用/工作负载提供保护，无论其位于何处——在安全的数据中心还是公有云中。提供应用保护控制，将任何环境中的每个组件和依赖项可视化，以及检测应用程序性能或发现异常，均对保护应用至关重要。

5. 数据安全

企业必须有能力根据策略对数据进行清点、分类、混淆、存档或删除。应保护设备、应用程序和网络中的数据。更佳实践是对此类数据的访问进行分类、清点和监控。在基础层，必须知道哪些数据可通过加密通道离开网络。

图 7-8　企业安全涉及的关键领域

"鸟巢"）、国家游泳中心（又名"水立方"）、CCTV（中央电视台）总部大楼，连接香港、珠海和澳门的港珠澳大桥等。

2024年1月中旬，该公司英国总部的首席财务官发出信息，声称要进行一项机密交易，并邀请了一位财务人员参加多人视频会议。由于会议中的其他人看起来和听起来都像是财务人员认识的同事，这名财务人员信以为真，按照"上司"的指令，向5个香港银行账户转账15笔，总计2亿港元。后来警方发现，会议中除财务人员外，其他人都是诈骗者利用深度伪造（deepfake）技术生成的假人，他盗用了财务人员信任的人的身份进行诈骗。诈骗者首先通过该公司在YouTube上的视频和从其他公开渠道获取的"人物和事件"资料，成功仿造了该公司英国总部高层管理人员的形象和声音，再利用deepfake技术制作了伪冒视频，制造了多人参与视频会议的假象。会议中只有负责付款的财务人员是真人，会议结束后，骗子还在即时通信软件上继续给这位财务人员下达命令。

　　这起事件说明企业必须重新审视安全防范措施，以应对这种新型AI技术带来的潜在风险。奥雅纳公司的东亚区主席李旭年因这起事件在任职一年后被迫辞职。令人惊讶的是，在诈骗中，社交媒体被用作诈骗者做出转账指示的平台，而整个大额转账过程没有经过审批和验证，显示出该公司的风险意识非常薄弱，这对其形象造成了严重影响。

所谓设备安全管理，就是通过物理和技术手段来保护企业内部设备不受未授权访问和恶意攻击。这包括设备的访问控制、数据加密、监控管理，以及操作系统和应用程序的补丁和更新管理。这些都是设备安全管理的关键点，需要全面覆盖。设备安全是企业信息安全的基石。我们的数据大多存储在设备上，尤其是终端设备。随着企业分散设备如移动设备、电脑、物联网设备的增加，它们可能成为新的受攻击入口，从而导致敏感数据泄露、系统瘫痪，甚至业务中断。

北京时间2024年7月19日中午开始，CrowdStrike的端点检测和响应（endpoint detection and response，简称EDR）平台分发异常更新，导致其全球大量客户的使用微软Windows操作系统的计算机和虚拟机设备出现故障，表现为显示蓝屏或恢复界面。CrowdStrike是全球知名的终端安全EDR厂商，其核心产品包括基于云的Falcon平台及其多个模块，这些模块涉及端点保护、威胁情报、IT资产管理和恶意软件搜索等多个领域。在微软操作系统引发全球大宕机，全球多地出现航班停飞、火车晚点、银行异常，巴黎奥运服务受影响之后，人们才发现背后的罪魁祸首是CrowdStrike。事后，据统计，全球有20多个国家受到波及，全球超过5 000个航班被取消，约占全球定期航班的 4.6%，德国、澳大利亚、英国等国的医疗、金融、政府、零售等系统受到了影响。受影响最严重的达美航空公司预计约损失 5 亿美元，将聘请律师起诉 CrowdStrike。

这次事件影响了约 850 万台使用 Windows 操作系统的设备，而当年著名的"蠕虫式"勒索病毒软件 WannaCry，也只影响了大约 30 万台计算机。这次事件也暴露了开放性的一个风险，即开放性过于底层，导致了这种大规模的破坏。因此，许多企业需要加强安全措施和更新管理流程。从长期来看，企业可能需要在管理机制和更"健壮"的系统架构上投入更多。

在出海时，企业不可避免地需要使用各类公有云和数据中心提供的服务。如何采取措施，在享受新的技术和服务形式的同时，最大限度保证数据的安全性和防止数据泄露，也是一个值得思考的和安全相关的问题。

2023 年 2 月 21 日，美国知名网络安全服务公司 Resecurity 向彭博社提交了一份网络安全调查报告，指出总部位于中国上海的万国数据服务有限公司（简称"万国数据"）和总部位于新加坡的新科电信媒体国际数据中心（简称"新科电信媒体"）这两家亚洲最大的数据中心发生了黑客入侵事件。黑客通过入侵客户支持网站，窃取了大量企业在这两家数据中心的登录凭证，影响了包括阿里巴巴、腾讯、华为、苹果、微软、亚马逊、沃尔玛、高盛、宝马等在内的2 000多家企业。Resecurity指出，企业客户的登录凭证失窃代表了一种不同寻常的风险，因为客户支持网站控制着谁可以实际访问数据中心的IT设备，这对企业来说非常关键。

2023年1月，黑客将窃取的数据打包，并以17.5万美元的价格在暗网出售。黑客在数据中心潜伏了约一年时间，窃取的凭证涉及2 000多家企业。整个事件的影响是灾难性的，因为这些企业拥有庞大的用户数据。管理失职或安全问题导致的泄露，无疑让这两家数据中心产生了严重的信任危机。

在企业出海过程中，数据安全的价值不仅体现在避免法律风险和维护企业形象上，更在于企业通过建立强大的安全体系，提升国际竞争力和市场价值。企业需要全面、系统地分析影响数据安全的各种风险因素，排查隐患，以应对数字时代的出海挑战。

我们推荐一套方法来评估企业在安全韧性成熟度模型（见图7-9）中的位置，企业可以此作为依据制定适合自身的出海全场景安全发展战略。

我们的评估方法是对出海企业在每个安全韧性领域的

发展水平进行打分，赋予每一项不同的权重，满分为 100 分，最终将评分与成熟度级别相对应。

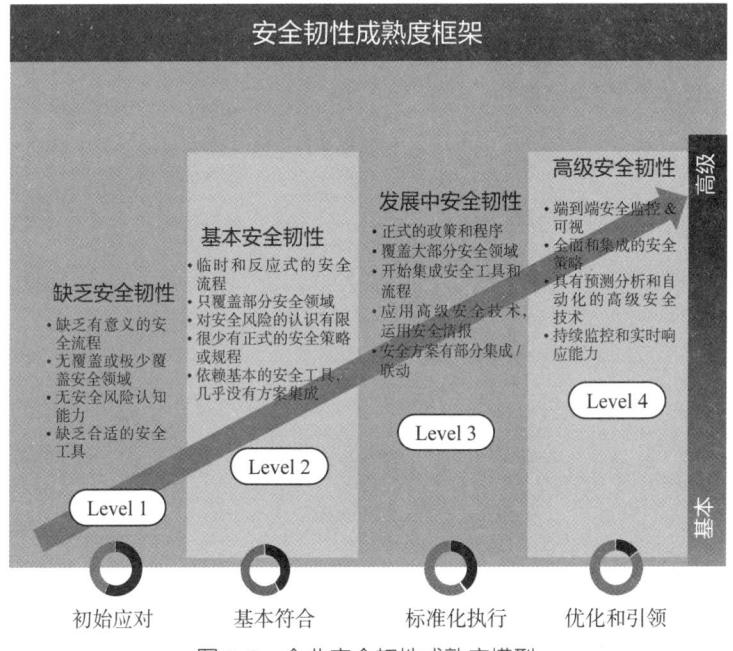

图 7-9　企业安全韧性成熟度模型

第八章　数据智能让数字化变现

> 我们之所以取得目前的成就，是因为我们关心的是寻找那些我们可以跨越的一英尺障碍，而不是去拥有什么能飞越七英尺的能力。
>
> ——巴菲特

"为啥广告投放总感觉投了个'寂寞'？"投放广告是企业经营过程中常见的场景。如果手头有一笔一亿元的广告预算，该怎么规划？广告该持续多长时间，投多少钱？会影响多少消费者？会带来多少销售收入？

这些来自业务一线的问题曾经困扰科技企业联想集团很长时间。经过对庞杂的业务线的动态梳理，10多年的数字化尝试，联想终于实现了在系统里"看见"客户，营销模式从过去的"千人一面"变成"千人千面"。在强大的算力支持下，系统会打通客户数据，完善标签体系，了解产品的目标客户是谁，测算如何投放资源，最终生成一个智能投放方案。

然而，"千人千面"并不是最优解，联想的目标是"一人千面"，即先了解目标客户出现的地方，然后把资源定点投放到那里。通过精准画像，精准定位，了解每一个消费者在不同场景下的需求，推荐定制化的内容。如同游戏中的作战模式，从狂轰滥炸变为精准打击，进而升级为降维打击，战斗力从数量、规模维度，向质量、效能维度全面跃升。

企业在数据智能的支持下，资源不再限于产品线、客户群，经营边界也不再圈定在境内或境外，竞争的焦点是用户的注意力。随着人工智能的发展，有人大胆预测：随着数字化和想象力的关系越来越紧密，企业数字化能否成功，很大程度上取决于企业家的格局和愿景。企业家基于对技术和市场发展的判断产生了想象，他对未来的想象越具体、越真切，企业在数字化的过程中就越不容易失焦跑偏或者半途而废，就越快实现数字化变现的目标。我们正在加速进入一个以数据化、智能化为起点而不是终点的时代。

从"看见客户"到业务洞察

数据智能是大数据利用的关键技术，也是一种新质生产力。有了它，数据的价值才能上升到战略、业务和运营的高度。如果没有大数据分析，企业就会变得既瞎又聋。这对"在高速公路上行驶"的企业家来说，是非常危险的。比如本章开头提出的"看不见客户"的广告投放难题，曾经是无数企业面临的真实难题。在数字化转型之前，最常见的营销手段就是"千人一面"，企业大都是将广告投放外包给第三方，通过一些简单的分类做不同强度的投放，投放的内容基本是一样的，但业务部门真正的需求是"看见客户"：根据合适的场景，通过合适的渠道，把合适的内容，精准投给合适的对象。也就是说，广告投放和业务部门的需求之间，存在着错配。

其实广告投放只是企业庞杂业务系统中的细枝末节。以联想为例，数字化完成之前，联想面临艰巨的挑战，每天约有1 000个业务工作流按照不同层次和流程进入系统，涉及8万个节点，不仅业务复杂度高，而且技术门槛高，运维成本高昂。但由于缺乏可视化工具，依赖大量人工手动维护业务系统，无法提早发现问题，联想每月约2 000个业务工作流出现问题和延迟，甚至影响了全球PC（个人计算机）生产的效率。

数据智能是个较宽泛的概念，一般来说包括两个部分：一是可视化，也叫商业智能；二是人工智能，也是时下最热门的技术。目前出海企业的数据智能应用主要在可视化层面，但未来随着人工智能的渗透，数据智能将会给企业带来一波爆发式增长。

从技术的角度，企业要想"看见客户"，首先要看见数据。要看见数据，最直观的办法就是开放数据，让数据可视化。数据是数字化、网络化和智能化的基础，它不仅是基础性资源，也是战略性资源。数据可视化的过程，其实是洞察浮现、认知重塑的过程。众所周知，数据具有非竞争性和非消耗性，即一个人对数据的使用不会影响其他人的使用；同时，数据的供给几乎无限，边际成本极低。企业可以通过数据分析和挖掘，借助可视化工具，涌现出新的洞察和认知，从而创造新的商业价值并推动创新。

可视化模型的四个主要领域

在企业出海的过程中，可视化的能力显得尤为重要。出海意味着企业将面临全球市场，需要应对语言、文化和时区不同等带来的挑战。在这种情况下，可视化成为CIO（首席信息官）手中的一个重要工具，它能够帮助企业实现对整个业务以及终端用户支持的有效管理。这意味着，企业从"被动地看见"，即具备对当前情况的基本观察和理解能力，逐步向"自动操作"演进，即通过技术手段实现对业务流程的自动化监控和管理。

一个成熟的可视化模型包含四个主要领域（见图8-1）。

> **1. 业务服务洞察**
> 监控业务和 IT 服务的健康状态和性能,通过跟踪服务和基础设施的依赖关系、关键绩效指标(KPI)和机器学习来实现。使用预先构建的内容来监控第三方应用程序。
>
> **2. 数字化体验可视**
> 诊断并解决短期性能问题,了解长期性能和用户趋势,优化用户体验,避免故障并加快故障排除。
>
> **3. 应用性能可视**
> 减少计划外的业务服务中断,缩短关键业务服务事件的平均故障诊断时间,提高整体开发人员的生产力。
>
> **4. 基础架构可视**
> 避免重复的基础设施中断,缩短平均故障诊断时间、平均故障恢复时间和根本原因分析时间,减少基础设施性能问题,提高容量利用率。

图 8-1　企业可视化模型四个主要领域

1. 业务服务洞察

对于全球部署的业务,可视化能够提高企业业务洞察力,帮助企业及时应对可能的业务延迟或中断,以减少对全球业务的影响。

2. 数字化体验可视

关注终端用户的体验,无论是外部客户还是内部员工,确保他们获得端到端的、一致的数字体验。

3. 应用性能可视

在基础设施之上,企业搭建的各种应用,如供应链和销售应用，其性能和运行健康状况也需要可视化。

4. 基础架构可视

涵盖计算、存储和网络等方面基础设施的可视化，确保企业能够清晰地看到其技术基础的运作状态。

联想集团的案例给我们展示了企业运营在数字化、可视化中的跃迁。具体来说，联想实现了从底层到上层的全栈监控，每月能主动发现并解决约2 000个业务工作流问题。这种能力使得技术开发团队能够根据问题主动优化系统，形成运维管理的闭环。这一变革显著减少了业务延迟，避免了15%的业务延迟问题，并大幅降低了监控团队的工作量，减少了80%的人工维护工作；通过全栈监控，联想实现了计划排产系统的全面优化。通过实施可视化策略，联想不仅解决了过去在系统中面临的问题，还提升了业务价值。

对于CIO而言，尤其是在企业出海和面对复杂场景时，能够全面监控业务系统并保障其稳定运行是至关重要的。联想的数字化不仅提升了企业效率，还增强了系统的透明度和可预测性，为企业决策提供了有力的数据支持。

联想仅在国内就有上万家门店，门店数字化是联想数字化的一个重要领域。数字化改造后的门店，通过店内的摄像头就可以做客流分析：有多少人进店，有多少人没进店；不同时段进店的人是老是少；进店的顾客是男是女，在店里面是怎么走的，在哪里停留……通过这样的热点动线分析形成"业务洞察"，帮助店家优化动线图、产品展陈、产品的排列等，从而提升门店经营效率。

回到本章开头的广告投放难题，企业过去投放广告，很难得到反馈，也不知道投放效果。而现在通过数字化，联想能够实时看到每次投放之后的数据，广告投放只是一个刺激手段，最重要的是它触发了什么销售动作，否则就没有实现业务价值。联想要做的是，首先，一波投放后如果销量没有达到想象当中的提升效果，就马上调整策略，或者调整价格，或者调整投放人群；其次，通过算法，若投放时间和交易时间有较大差异，便自动调整策略，推动可量化营销形成。不仅如此，系统还可以实现归因分析，即通过弄清楚销量增长是因为投放广告还是价格低廉，或者其他原因，就可以在下一次投放中进行调整。这就是业务洞察。

为何把联想作为数字化转型的标杆企业？目前，联想是一家在全球 180 多个国家和地区运营，每年营收规模超过 4 000 亿元人民币的科技公司。它不仅生产传统的 PC、手机、服务器、平板电脑，还拓展到了智能 IoT 产品的生产，另外，还基于私有云和混合云的架构为客户提供端到端的行业解决方案。因此，联想供应链体系极其庞大和复杂，必须依赖一套完整的业务应用系统来支撑自身运营，其实现可视化的意义非同小可。

在出海过程中，可视化能力如此重要，使得我们需要一套方法来评估企业在可视化成熟度模型（见图8-2）中的位置，企业可以此作为依据制定适合自身的可视化和数据智能发展战略。

可视化成熟度框架

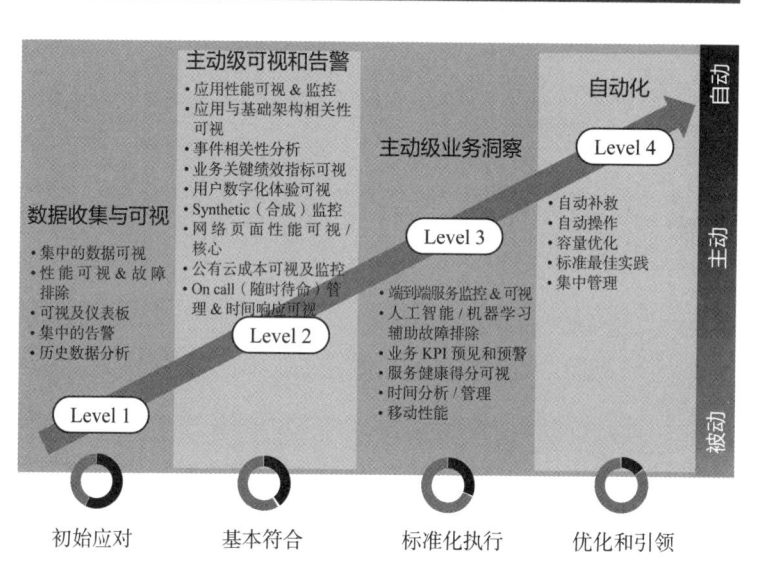

数据收集与可视（Level 1）
- 集中的数据可视
- 性能可视 & 故障排除
- 可视及仪表板
- 集中的告警
- 历史数据分析

主动级可视和告警（Level 2）
- 应用性能可视 & 监控
- 应用与基础架构相关性可视
- 事件相关性分析
- 业务关键绩效指标可视
- 用户数字化体验可视
- Synthetic（合成）监控
- 网络页面性能可视 / 核心
- 公有云成本可视及监控
- On call（随时待命）管理 & 时间响应可视

主动级业务洞察（Level 3）
- 端到端服务监控 & 可视
- 人工智能 / 机器学习辅助故障排除
- 业务KPI预见和预警
- 服务健康得分可视
- 时间分析 / 管理
- 移动性能

自动化（Level 4）
- 自动补救
- 自动操作
- 容量优化
- 标准最佳实践
- 集中管理

被动 → 主动 → 自动

初始应对　基本符合　标准化执行　优化和引领

图8-2　企业可视化成熟度模型

我们的评估方法是对出海企业在每个可视化领域的水

平进行打分，赋予每一项不同的权重，满分为100分，最终将评分与成熟度级别相对应。

可视化与精细化运营

世界充斥着数据，使得厂家可以以更清晰的方式"看到消费者"。通过数字化实现业务的可视化，不仅是企业核心业务和关键应用畅通与终端用户体验增强的重要保障，也是维护整个架构稳定运行的关键。实施可视化的好处包括降低业务运行风险，保障终端用户和客户体验，从而增加企业收入。同时，它还能减少核心应用的中断时间，提高整个技术架构的稳定性。

在全球化的背景下，特别是在需要多区域7×24小时运营、多语言支持的情况下，手动或盲目地保证企业应用的完整性变得更加困难。因此，在出海的语境下，可视化显得尤为重要，它要求企业在全球范围内提供连续、一致的服务。

从技术角度看，出海企业往往需要涉及公有云、SaaS、私有云以及混合云的复杂架构。这种架构的复杂性，要求企业必须有一个清晰、直观的管理界面，以便监控和优化全球业务流程。可视化在这一过程中解决了多个问题，它不仅帮助企业理解和管理跨地域、跨平台的运营，而且提高了企业保障全球业务连续性的能力。

此外，出海企业必然需要支持在多个时区和多种语言下的运营，这增加了运营的复杂程度。可视化帮助企业防范了时区差异和语言障碍带来的风险，同时也为企业带来了收益。它通过提供一个集中的管理平台，使得企业能够更有效地协调全球资源，优化业务流程，提高决策效率，从而在全球市场中保持竞争力。

在出海的过程中，企业需要构建一个覆盖多语种、多时区、多币种的数智底座，以支撑其全球化业务的拓展。在出海语境下，可视化的价值不仅体现为提升客户体验和运营效率，而且体现为对风险管理和全球业务的优化具有重要作用。通过有效的可视化工具，企业能够更好地掌握和管理其全球业务，实现持续的业务增长和市场扩张。

数据可视化的核心是收集数据，将其转化为易于处理的形式，让数据讲述自己的故事，并将故事呈现给其他人。同时，数据可视化使得精细化运营成为可能。精细化运营需要大量的数据，而比如对零售企业而言，它们依赖大数据来增加供应链管理的透明度。常见的大数据应用包括：供应链数据集成、实时追踪，数据分析和可视化，需求预测分析，供应商管理，库存管理，质量控制，以及客户反馈分析等。

亚马逊是零售界精细化运营的翘楚，其在供应链网络中使用数据进行成本和效率平衡的策略非常复杂和精细，值得中国出海企业学习。首先，亚马逊通过庞大的业务规模实现成本效益，大量订单使得物流操作规模化，从而降低了单位成本。利用大数据技术，亚马逊通过分析消费者行为、购买模式和季节性趋势等方面数据，预测需求并优化库存分布，以减少不必要的运输和存储成本。在仓库管理方面，亚马逊广泛应用自动化技术，如自动化的拣货、包装和搬运的机器人，以提高作业效率，降低人力成本。

在物流配送网络方面，亚马逊也有很多心得。亚马逊精心设计其物流网络，包括配送中心、分拣中心和配送站的位置，以确保货物运输更快速，成本效益更高。同时，亚马逊使用动态定价策略，根据市场需求和库存水平调整价格，以平衡不同时间段的物流压力。亚马逊与多家物流合作伙伴合作，利用第三方物流商提供更灵活的运输解决方案，降低固定成本。亚马逊通过提供多种配送选项，包括次日达、当日达等，从而利用消费者支付的额外费用来补贴提供这些服务的支出。此外，亚马逊还使用机器学习算法优化运输路线，以减少运输距离和时间，降低燃料消耗和运输成本。

这些策略的综合运用，都离不开数据的分析与挖掘。亚马逊也成功地平衡了物流网络的成本和效率，实现了快速配送和高客户满意度，同时保持了运营的经济效益。

无论是联想集团还是亚马逊，数字化转型都给了一个启示，即所有的实践都应该从问题出发，利用技术手段为问题寻找解决方案。2021年IBM发布的一份针对CEO的调研报告指出，虽然转型需要推动力，但企业不能盲目推动转型。"无论是基于数字化的产品创新和客户体验，还是运营改进，都只是方向，企业应该避免为了迎合热门概念去做事情。"

目前来看，中国企业的数字化转型并不顺利，麦肯锡的一项调查显示，有超过70%的企业的数字化仍停留在试点阶段，只有20%的企业的数字化投入有清晰的投资回报。麦肯锡分析，企业在数字化转型中常存在认识误区，将数字化简单理解为技术投入，忽视了其与业务价值的深度融合。此外，许多项目只停留在试点阶段，小范围运作，难以实现规模效应。

经营全球性公司要比深耕单一本土化企业复杂得多，需要考虑新市场的地理分布，供应链的分散化部署，以及提供有针对性的产品或服务以满足目标市场的需求，等等。

出海企业需要在运营模式、核心业务流程、关键数字化产品和平台、技术架构、能力发展策略以及变革管理方法等方面都做出巨大改变，才能支持日益全球化的运营。

当一个中国企业向全球化发展时，它所面临的复杂度是呈指数级上升的。麦肯锡对此的解释是，一个企业在国内拥有数字化系统，但在向海外扩展时，简单地复制该系统是不够的，因为海外工厂的运作需要适应当地人力资源效率以及当地供应链的具体情况。因此，出海企业必须对工厂的运作模式进行定制化调整，以确保在海外市场的成功运作。

企业在数字化起步时先开展试点项目，在小范围内尝试新技术或新解决方案，以测试其可行性和效果。然而，这些试点项目可能只是局部有效，如果不能在公司层面得到推广和扩展，那么它们就无法实现规模化的业务价值，最终会不了了之。也就是说，企业数字化投入无法有效地转化为业务价值。于是，"数字化难以变现"成为一种普遍的误解。

浮出水面的数据智能

如果说数据是 21 世纪的石油，数据智能就是内燃机，可以给企业提供前所未有的动力。如果说数据是一座海上冰山，数据智能就是其隐藏在水面之下的部分，需要一双慧眼来识别其中的深层次信息和潜在价值。如果说数据是一座尚未充分开发的金矿，数据智能就是蕴藏其中的宝藏，需要合适的工具和方法来挖掘。在数字化时代，通过数据智能洞察商机、开拓新增长曲线的案例并不罕见。一个著名的例子是零售巨头沃尔玛通过数据挖掘洞察商机的故事。

沃尔玛作为全球最大的零售商，拥有规模庞大的客户和销售数据。公司很早就意识到这些数据中蕴含的巨大价值，并开始利用数据挖掘技术来分析这些数据。沃尔玛使用复杂的数据分析工具和算法来挖掘其销售数据，寻找产品与销售之间的关联规则。

在所有的数据中，消费者行为数据是和变现直接相关的。在识别和衡量驱动行为的数据上下功夫，就仿佛在一座金矿里寻宝，因为这些数据会告诉你下一步应该做什么。除了沃尔玛，字节跳动旗下 TikTok 的增长也得益于数据智能，其全球扩张的成功在很大程度上得益于对数据的深度分析和应用。

首先，TikTok 通过收集用户在使用应用时的行为数据，包括观看时长，以及点赞、分享和评论等互动情况，分析用户的偏好和兴趣点。这些数据帮助 TikTok 了解在不同地区哪些类型的内容受欢迎，从而为内容推荐算法提供关键信息。利用机器学习和数据挖掘技术，TikTok开发了高效的个性化推荐算法，能够根据用户的行为和偏好推送定制化的内容。这种个性化体验设计极大地提高了用户的参与度和留存率。

通过分析全球社交媒体和流行文化的数据，TikTok能够快速捕捉市场热点，如新兴的话题、音乐和舞蹈等。这些洞察使得TikTok能够及时更新内容策略，吸引年轻用户群体。TikTok通过分析不同国家和地区的文化特点和用户行为，制定了本地化的内容策略。通过内容和推荐工具有效地吸引本地用户后，TikTok利用数据探索新的业务模式，如电商、直播等，为用户提供更多元化的服务，开辟新的收入来源。

未来两三年，对消费者数据的洞察能力将是零售业企业最核心的竞争力。谁能拥有、识别海量数据并从战略上加以利用，谁就能获胜。安踏早在2018年就开始打造"智慧门店"。当顾客跨进店门时，门口两个安踏优Mall系统的高清摄像头经过一番扫视，就能判断出顾客的性别和年龄区间。此外，店内数十个摄像头时刻捕捉每一位消费者的购物轨迹，判断出店里的冷门区和热门区。店铺里压杆互动屏下摆着几排运动鞋，顾客拿起一双，鞋的基本信息便在大屏幕上出现；顾客拿鞋和试穿的动作都会被鞋底的 RFID 芯片以及仪器测鞋区的设备感知和记录。基于这些记录所形成的这双鞋的拿及率和试穿率，将被用于和这双鞋的最后购买次数做对比，门店以此判断它对顾客的吸引力。如果顾客购买，工作人员只需用一体化设备刷一下商品条码，买卖就完成了。如果顾客想买的鞋门店没有库存，顾客可以在云货架电子屏上搜索同款并下单。结算之后，这位顾客便进入了后台客户关系管理系统，成为安踏精准营销的下一个对象。

更令人兴奋的是，数据智能催生出全新的业务模式。比如，安踏通过"智慧门店"的云货架、压杆互动屏、安踏优 Mall 和仪器测鞋等的"智慧功能"，把顾客购买流程细分为逛、看、试、结算四个阶段，以此精准收集消费数据。对于一款鞋，基于顾客试鞋的行为，安踏能在后台采集到这款鞋的拿及率，并结合实际售出的数据进行对比：如果拿及率高但成交量低，原因有可能是鞋子的外观设计吸引人，但上脚的舒适度不达标。这些数据上传给设计人员，他们就可以迅速对产品进行改进。

未来，每个公司都有自己的大数据，每个公司最终都将涉足数据业务，并且从中获益。正如安踏的掌门人丁世忠所说：过去安踏的竞争力是对渠道的把控，但未来，赖以生存的竞争力应该是终端实现数据智能，比竞争对手更懂消费者的需求。以消费者为核心，在数据智能时代不再是一句空话。

联想的融合零售模式，和安踏有着异曲同工之妙。联想的一个四线城市门店店主每天可以卖上千台电脑，这个销量甚至比上海核心地段门店的销量还要大，怎么实现的？原来这位店主已经不再是一个传统意义上的门店经营者，他把自己包装成了一个评测达人，一个"意见领袖"，经常做视频，直播评测过程。全国甚至世界各地的用户，只要看到他直播的，都可以成为他的客户，都可以通过他购买产品。他的经营区域已经不局限于物理范围，这就是通过技术手段赋能产生强大的影响力。

其实，在背后支持这位店主的是联想的融合零售模式，其核心竞争力并不在于工具，而在于全网同品、同价。传统店面在时空维度是有明显局限性的，只能在开店时间内提供服务，只能服务方圆 3~5 公里的客户，而且只能卖店里已有的产品。但是，现在联想门店依靠融合零售模式，只要通过微信小程序，每一个门店都可以 24 小时服务客户，可以销售云仓里的所有产品，支持用户到店来取，也可以送货上门。

随着联想数字化能力的不断迭代，智能化就会走到下一步，真正做到用户出现在哪个渠道和终端，联想就出现在哪里。融合零售模式是联想数字化转型部门、IT部门和业务部门在一起共同打磨，不断迭代出来的一个有核心竞争力的业务模式，颠覆了已有的业务模式。

隐藏在海量数据中的信息、知识以及对它们的洞察可能会改变世界。当企业实现数据智能，会发现整个视野都开阔了，格局也打开了。数字化催生了很多"新玩法"，拓展业务不再只是"按套路出牌"，传统经营模式完全被颠覆了。数据智能就是一种高能量的想象力，不断打破现有的思维框架，涌现出新的思维模式。

大模型落地跨境电商

大模型技术在跨境电商领域产生了多方面的价值。例如，智能化的实时内容生成和翻译技术能够自动处理多语言的商品描述、营销文案和客户服务等事宜，显著提高和改善了跨境电商的服务效率和用户的购物体验。再比如，阿里国际利用生成式人工智能重写了1亿款商品的标题和详情页，大幅提升了商品信息的精准度和吸引力。此外，阿里国际推出了首款AI外贸产品，该产品与数字外贸全链路紧密结合，包含生意助手和OKKI AI（一款外贸SaaS工具）提供的两大服务。基于人工智能的智能供应链，跨境电商深度优化供应链系统，包括选品、数据体系、订单处理、库存管理和物流配送等方面，提高了整体运营效率。

大模型技术得到广泛应用之后，对想参与外贸出口的中小微企业来说，参与门槛显著降低，并且其可以面向全球市场。比如，阿里国际生意助手和OKKI AI，共同重构了外贸产业底层逻辑，借助大模型的智能客服、智能翻译和内容制作等手段，极大降低了中小微企业的运营成本。在提升中小微企业运营效率的同时，这些工具也增强了它们的决策能力和市场竞争力。例如，通过数据分析和智能分仓等功能，它们能够更准确地进行市场预测和资源分配。

大模型能够在不同国家独立应用或在当地电商平台同步生成内容，实现内容的快速分发，而不再受限于语言差异，这使得卖家拓展全球市场变得更加容易和高效。

总之，大模型已经覆盖了跨境电商的多个关键场景，包括商品图文、营销、搜索、广告投放、SEO（搜索引擎优化）、客服、退款和店铺装修等。这种全面覆盖使得跨境电商能够更好地应对各种业务需求。

令人惊喜的是，过去数字化的驱动力往往是技术，而CIO的逻辑往往是，新技术如何改造现有业务流程，新应用能够解决什么业务痛点，等等。随着大数据、云计算和人工智能的技术复杂度不断提升，越来越多的企业反而放弃了对先进技术的狂热追求，更多从业务角度去思考、设计数字化进程。这恰恰是企业回归了数字化的初心。

2024年，人工智能如潮涌至，不论是个人还是企业或组织，都将不可避免地受到冲击或者获得加持。它将深刻地改变我们的生活和工作方式，甚至可能重塑每一个产业。

第三部分

航向深蓝：
全球化进阶策略

第九章　暗流涌动的航道

> 永远不要浪费一次危机！
> ——英国前首相丘吉尔

2023年3月23日，TikTok的首席执行官周受资首次出席国会山听证会，接受两党议员针对TikTok用户隐私、数据安全以及美国国家安全等方面问题的质询。听证会持续了超过4个半小时，有外界人士评价，从回答的详尽和专业程度来看，周受资准备得相当充分。其实，谷歌、脸书、苹果、亚马逊等美国科技巨头的高管也是在听证会接受质询的常客。但这次不一样，由于TikTok的"中国背景"，恐怕其无力扭转自身在美国长期发展受限的困境。

中国科技巨头被美国监管甚至制裁并不鲜见，阿里巴巴和腾讯等都遭遇过这种无妄之灾，但和TikTok相比，力度不在一个数量级上。原因就在于TikTok已经成了一款国民级社交应用。根据2023年的统计数据，社交应用中，美国成年用户每天花在TikTok上的时间最多，其次是 YouTube、Snapchat、Instagram 和 Facebook。有研究指出，到 2027 年，TikTok 的广告收入可能会超过 Meta 和 YouTube 的视频广告收入总和；谷歌的搜索引擎也受到了 TikTok 的挑战，Z 世代（通常指 1995 年至 2009 年出生的一代人）用户很多转向 TikTok，将其视为首选搜索引擎，因为年轻人更喜欢通过视觉学习。

面对逆全球化的噪声，出海企业如水手般行驶在一条暗流涌动的航道上，险象环生，危机四伏。这些企业只有认真地分析危机的起因、传播路径及后果，并在此基础上调整规则、改变行为，才有可能避免危机重演；只有不断地反思，才有可能持续进步，不然只能永远在原地打转。

本章我们将从分析逆全球化带来的不确定性入手，通过合规风险、环保风险、数据风险和 ESG（环境、社会和治理）等维度，结合 TikTok 在美国面临封禁、赣锋锂业在墨西哥遭遇资产充公、瑞幸咖啡在泰国"败诉"、小米巨额资金在印度被扣押和没收、亚马逊封店潮等案例，帮助企业家寻找一条可持续的出海之道。

逆全球化带来的不确定性

在全球化的大潮中，逆全球化现象悄然兴起，其不是一时的波澜，而是深海中的潜流，其复杂性源自经济全球化的多重维度。自 2008 年全球金融危机的阴霾笼罩全球，世界经济增长的步伐变得蹒跚，一些国家在经济低迷的迷雾中开始探索逆全球化的道路，这无疑对全球经济格局产生了深远的影响。

而新冠疫情的突袭，更是为逆全球化的图景添上了浓重的一笔。疫情初期，全球供应链遭受重创，许多国家包括企业开始重新审视全球化带来的脆弱性，推动供应链的本地化和区域化，减少对外部的依赖。然而，贸易保护主义的抬头，如提高关税、限制出口等措施，不仅影响了国际贸易的正常运行，也加剧了国家间的经济摩擦。

疫情导致的经济衰退和社会不安，使得民族主义和孤立主义情绪在一些国家高涨，政府和民众更加关注本国利益，强调自给自足和减少对外依赖。这种情绪在政策层面的体现，如更加严格的移民控制、减少国际合作等，进一步加剧了逆全球化的趋势，包括国际合作面临巨大挑战，疫苗分配、医疗物资供应等方面的单边主义措施缺乏协调和合作，国际组织的作用受到质疑，全球治理体系面临考验，等等。

对于中国，逆全球化的影响广泛而深远，尤其在对外贸易、对外投资、经济政策制定和全球价值链参与等方面。贸易保护主义的抬头，包括各种关税政策和非关税壁垒政策的实施对中国产品出口产生了冲击，产业链的割裂削弱了中国产品的国际竞争力。同时，全球价值链重构中的"去中国化"倾向，可能影响中国的产业结构和就业情况。

中国和美国，作为全球经济版图上的两大巨擘，其紧密而复杂的关系，无疑是当今世界最受瞩目的双边关系。自 2017 年起，两国间的微妙平衡开始打破，矛盾逐渐浮出水面，两国正式步入了大国竞争的全新阶段。这一年，特朗普总统的上台，更是为这场竞争图景增添了浓重的一笔。2018 年，美国对华贸易战的硝烟骤然升起，成为两国关系紧张的重要标志。而随着时间的推移，这场争端并未止步于贸易领域，反而如同野火燎原，迅速蔓延至高科技、金融、军事等多个关键领域。中美之间的全球竞争态势日益凸显，成为国际社会关注的焦点。

在这场争端中，"竞争"二字已不仅仅是一个简单的词语，它已深深烙印在美国对华核心政策之中，成为全方位围堵与无底线遏制打压的代名词。美国采取了一系列强硬措施，试图在多个领域对中国形成压制。尤为值得关注的是，美国商务部工业和安全局发布的"实体清单"，如同一道冰冷的屏障，将众多中国企业和个人隔绝于美国技术之外。这份清单的公布，无疑是对中美科技交流与合作的一次重大打击，增加了中国企业在全球科技领域的竞争难度与成本。

2024年，美国全国经济研究所（NBER）发布的一份报告更是直指要害，称美国对华政策正在"围绕科学筑起一堵墙"。这堵墙不仅限制了中美两国在科技领域的交流与合作，更在一定程度上阻碍了全球科技发展的步伐。美国前驻华大使马克斯·鲍卡斯在一次论坛上发表演讲，将美中关系形容为一桩"包办婚姻"。他表示，自二战后，美国一直自视为超级大国，认为其他国家都应该向美国学习，不愿与它们平等相待。这种"优越感"导致中美陷入了"修昔底德陷阱"，即崛起大国与守成大国对峙的局面。

在这样的大背景下，从2023年以来的一系列大事件来看，许多出海品牌面临骤起的海外风险，它们的"罪名"貌似是不合规，但恐怕不能简单地归结为合规问题。美国意欲封禁TikTok后不久又有消息传来：美国国会下属"美中经济与安全评估委员会"（下称USCC）发布分析师报告，认为跨境电商平台SHEIN、Temu及其他中国电商存在数据安全、采购违规、侵犯知识产权等方面的问题，建议美国政府保持警惕。

"中国App霸榜美国"是USCC发布报告的一个重要诱因。根据移动应用数据分析公司Sensor Tower统计的数据，美国移动互联网用户下载量排名前五的热门App中，来自中国的占了四席，分别是拼多多全球化电商业务平台Temu，字节跳动旗下视频编辑应用CapCut和短视频应用TikTok，以及快时尚品牌电商SHEIN。

　　有外界人士分析，USCC的报告虽然不具法律约束力，但传递了明确的信号，在那些不涉及军工、高科技等敏感地带的领域，比如电商领域，只要中国企业异军突起，规模变大，就会变得"敏感"。2024年5月，普林斯顿大学一位政治与国际关系学者在《纽约时报》网站发表了一篇文章，他认为美国患上了"中国焦虑症"，他直言不讳地指出："当你焦虑不安的时候，一切都是威胁。"

　　不仅在欧美成熟市场，近几年中国出海企业在海外新兴市场也遭遇种种逆流，但风险点完全不同。有行业观察家提醒，由于竞争加剧，当地的投资生态发生了很多变化，不稳定的政局导致政策朝令夕改，而且当地市场执法尺度的调整令人捉摸不透，一些出海企业"踩坑"的遭遇可谓"魔幻"甚至"惨烈"。

　　墨西哥拥有全球最丰富的锂黏土资源。2021年，中国上市公司赣锋锂业斥资近1.9亿英镑通过股权收购获得了索诺拉州（Sonora）锂黏土项目的开采权。但很快墨西哥政府就"翻脸"了。据参考消息网报道，墨西哥总统2023年初在索诺拉州宣布一项法令，将锂黏土资源整合为国家财产。国有化后，外国企业将无法再开采锂黏土。赣锋锂业持有的锂黏土项目的9个矿产特许权被取消了，前期投资全部被"充公"。

东南亚国家本地市场规模较小，容易受到外来者冲击，所以当地政策会倾向于保护本土商家，导致中国出海企业往往会吃"暗亏"，瑞幸咖啡在泰国的"败诉"就是一例。2023年12月，泰国"山寨瑞幸"状告中国瑞幸咖啡侵权，索赔100亿泰铢（约合20亿元人民币）。"泰国瑞幸"注册于2020年，几乎复刻中国瑞幸品牌设计，虽然中国瑞幸商标注册于2017年，但仅在国内注册。在"一切都依照泰国法律规则和程序办理"的判决下，中国瑞幸只得接受败诉，而且输得哑口无言，这也唤起了中国出海企业的品牌风险意识。

中国出海企业最离奇的经历要数在印度市场了。2023年6月，印度正式通知，或将没收此前已扣押的小米共555.1亿印度卢比（约合人民币48.2亿元）的资金，这是"资金规模最大的一次扣押"。小米在印度经营9年，其印度分公司累计利润额为94.6亿印度卢比，约合8亿元人民币。结果，一次没收的资金，就约相当于小米印度分公司历年利润总和的6倍。在此之前，包括华为、中兴、vivo、OPPO在内的多家手机厂商，都在印度遭遇相似招数：政府先对企业进行税务审查，然后再开巨额罚单。这被欧美戏谑为"税收恐怖主义"，用在中国企业身上屡试不爽。

最近几年的一个态势是，国家安全、地缘政治、国家间冲突等因素对国际贸易和投资的影响越来越大。相关统计显示，全球限制或监管性投资政策措施数量占投资政策措施总量的比例不断增加。这些举措的倾向，就是泛化国家安全，将限制范围从原先的国防工业扩展到战略性行业、关键性基础设施及国内核心技术领域。部分国家甚至出台针对性政策，压缩中资企业在海外的发展空间。与此同时，在合规经营方面，中资企业也面临着更高要求，合规风险和成本不断上升。因此，研究跨境投资的法律专家判断，中资企业和中国投资者在出海过程中，可能会遭遇更多不确定性的干扰。

但是，从经济视角看，全球化意味着资本超越民族国家边界在全世界自由流动，资源在全球范围内配置，因此，经济全球化的动力也被归结为市场的发展，它是不可能从根本上被贸易保护主义阻断或者逆转的。《纽约时报》曾做过一个知名的调查：为什么苹果手机在中国而不是在美国生产？众所周知，苹果手机的研发、设计、生产和销售是在美国、中国、日本和韩国等多个经济体的复杂协作下完成的，其中，利益最大的部分归属美国，虽然大量具体工作是在中国完成的，但中国在苹果全球价值链中仅获得极其微薄的收益。比如，2010年前的苹果产品价值链中，中国仅获得其收益的1.8%~2%。苹果手机的利润分配中，苹果公司获得近六成，包括中国企业在内的无数原材料供应商的利润只有约两成，而为苹果日夜加班组装手机的中国劳工的成本甚至仅占总成本的1.8%。这就是全球化时代在价值创造与共享上的真实场景。

糟糕的贸易保护主义，有悖市场竞争良性运行的各种保护性措施，必然会损害大部分人的利益。退一万步说，即使"去中国化"已成定局，逆全球化进程也不可能在一夜之间完成，缩短全球供应链不仅极具挑战性，而且需要付出高昂的成本。《大重构》一书举例说，如果美国真的要彻底和中国脱钩，那么，美国企业必须投入数千亿美元来建设新的工厂，政府也必须投入巨额资金和巨大的时间成本来建设基础设施，包括机场、交通枢纽和房产等。

逆全球化潮流出现的原因，不是所有国家、所有群体的利益都受到了损害，而是某些群体由于产业转移而出现失业、生活水平下降，又没有得到充分补偿，这些群体就成为反对国际贸易和经济全球化的主要力量。他们真正害怕的是全球化导致的本国产业空洞化、失业率上升、社会福利下降、贫富差距拉大，以及随之产生的对国际秩序、生存环境以及文化交往的不利影响等。

值得注意的是，有学者认为"逆全球化"是一个伪命题，因为全球化是一个不可逆转的历史趋势，而所谓的逆全球化实际上是一种对现有全球化模式的反思和调整，甚至被认为是一种"反全球化"。一方面，经济全球化是生产力发展背景下生产要素全球性流动和科技进步的结果，最终要符合多数国家和民众的发展利益要求，不会轻易发生逆转。而另一方面，逆全球化带来的不确定性，则是中国企业出海不得不考虑的。尤其值得关注的是，一组与全球供应链有关的新"贸易流行术语"。它们反映了以美国为代表的西方发达国家的企业为了减少自己面临的不确定性而采取的供应链重构战略，但这却给中国企业带来了很大的不确定性。

在经济的大海中，"近岸外包"这艘新船正乘风破浪，成为当下的热词。这背后，是经济危机的阴霾、新冠疫情的冲击、俄乌冲突的震荡，它们共同构成了全球供应链的紧张局势。"友岸外包"，本质上是一种策略——将供应链的船舵转向企业认为的那些所谓"政治稳定、经济可靠甚至与本国价值观相同"的国家，确保企业航船在汹涌波涛中稳健前行。

"近岸外包",是企业将业务的风帆转向邻国,这样做的好处显而易见:更快的产品上市速度,更短的运输时间,更低的关税成本。加拿大和墨西哥,作为美国的近邻,自然成为美国企业"近岸外包"的重地;对于欧洲企业来说,土耳其、摩洛哥和罗马尼亚日益成为它们的新选择。

"回流",又称"内岸外包"或"在岸外包",是企业将业务带回本国的举措。对于那些因地缘政治事件而供应链受损的公司来说,这无疑是一个吸引人的解决方案,意味着更低的风险、更多的控制。

与"近岸外包"相对的是"离岸外包",后者曾是企业降低成本,获取特定人才和资源的法宝。然而,随着全球化趋势的变化,企业越来越意识到本地市场的重要性,"去全球化"现象促使企业重新布局,通过"内岸外包"和"近岸外包",将供应商、人才和业务拉到离客户更近的地方。

在这个多变的时代,企业需要的不仅是灵活的策略,更是对市场敏锐的洞察力。无论是"友岸外包"还是"回流",都是企业在全球经济版图上重新定位自己的方式。在这场供应链的棋局中,每一家企业都在寻找最佳的落子点,中国企业也不例外。

合规：一道道出海红线

在深圳龙岗区的一家咖啡厅里，一面密密麻麻印满百元美钞的墙边，摆着一尊亚马逊创始人杰夫·贝佐斯的铜色雕像。雕像微笑着，面前摆放着一盏香炉、三杯白酒。这个场景的布置与咖啡厅老板的经历有关：曾经靠跨境电商日入十几万美元，而现在做出海咨询。他所在的龙岗区正是深圳亚马逊卖家聚集地。

这些卖家曾认为亚马逊是最能给他们带来收益的平台，但现在"不知道它什么时候就会封店"，它规则不友好，即使很多卖家还希望用以往的"套路"来淘金。亚马逊进入中国招商后的几年间，一些卖家习惯"店群""铺货"模式，上传大量产品，开设大量店铺，在平台上接近垄断某一品类，让消费者购买产品时，可以大概率选到自己的店铺；每件产品备货量不多，一旦销量暴增，商家就迅速补货。这类打法成为一些卖家的常用打法。逐渐地，"刷单"行为也开始产生。

风险说来就来。2021年4月，亚马逊整治"刷单"，强制关闭大批店铺，冻结货款与库存。一些卖家擅长的"技巧"，包括开设多个店铺，迅速跟卖爆款产品，炮制好评等，都是亚马逊电商平台所谓的红线，一旦被系统监测到，系统就做出封店处理。据说，封禁了很多中国店铺。

有专业人士分析了亚马逊卖家的调查报告，发现账号关闭大都是亚马逊宣称的"卖家违规"导致的。比如销售"假货"，亚马逊不允许有"假货"存在。例如，某位卖家如果卖苹果手机的数据线，那么就必须有苹果公司的授权证明才行，否则就是卖"假货"。侵权也是亚马逊所设的一条红线，因为亚马逊是一家美国公司，非常重视知识产权保护，卖家如果有任何侵权行为，都会被关闭账户。知识产权包括品牌商标、外观专利、发明专利等。另外，需要特别提醒的是，卖家税务合规问题。卖家可以通过亚马逊在9个国家销售，在北美多国、日本都需要缴纳销售税，亚马逊会在订单执行的时候直接扣除销售税，并且税率较低。但一些卖家对税务问题存在错误的理解，觉得欧洲国家征收的高达20%的增值税应该属于自己的利润。其实在亚马逊欧洲站销售的所有商品的销售单价都是含税价，所以增值税是必须交的，否则亚马逊会毫不手软地关闭卖家的账户。

这次崩塌的强度让人始料未及。据深圳市跨境电商协会统计，此次亚马逊封店潮中，被封店的中国卖家超过5万个，行业损失金额预估超过千亿元。据电子商务情报公司 Marketplace Pulse 报道，禁令实施后，亚马逊中国卖家的市场份额从2020年的40%下降至2021年底的33%。

经历过关店潮的大浪淘沙，中国卖家深刻理解了跨境贸易中合规的重要性，这是维护跨境电商良性竞争生态的重要规则。

亚马逊的整顿一波接一波，让卖家们心有余悸。2024年7月底有消息称，又有不少跨境卖家收到亚马逊的邮件，被告知证书存在问题，店铺链接可能会关闭。有卖家表示，自己已经重新提交了CPC证书，但是产品还是被下架了，甚至还有一些非儿童品类商品的卖家表示自己被这波"严打"误伤到了。CPC就是卖家将儿童产品出口到美国时必须获取的一种安全认证，跨境卖家要想通过认证，就必须接受一系列严格的产品测试。已经有一些卖家因为合规证书不合格，被指存在造假或篡改嫌疑，而被封店。

有业内人士指出，中国消费品出海目前还是以欧美市场为重心，特别地，对于品牌出海商家，它们面临的合规细节比起单纯贸易型卖家更严苛。最典型的就是"加州65号法案"。该法案规定，产品中如含有在列的毒性化学物质（超过900种化学物品），则要张贴相对应的警告标识。这导致包括衣服、箱包、电子产品在内的几乎所有日常外贸商品，均需要张贴明确清晰的警告标识。许多覆盖加州市场的北美卖家，因没做好相关认证、未按照要求贴好相关警示标签被起诉，甚至被冻结资金、吃官司、被封店。"跨境电商头条"指出："说白了就是一个标签的问题，但关键在于极细节的合规要求，十分考验出海商家的实操颗粒度。"

中国跨境卖家意识到，只要规则、流量和用户掌握在亚马逊等第三方平台手中，经营风险就存在。倍感受伤的卖家一边经营亚马逊店铺，一边寻求新平台，包括这两年大火的 Temu、TikTok 等。更长远的规划是建立品牌与独立站，商家自己创建网站，销售高溢价的品牌商品，直接掌握用户和流量，不受其他平台限制。

中国跨境电商在当前全球市场中展现出强大竞争力。商务部中国国际电子商务中心首席专家李鸣涛表示，中国跨境电商在 2023 年进入全面爆发期，尤其以 SHEIN、速卖通、Temu、TikTok 组成的出海"四小龙"在海外市场迅速崛起为标志。伴随基础设施的快速完善和传统产业的认知提升，跨境电商未来发展的空间依然广阔。当然不论哪家平台想要不被封店，都需要做到全面合规，包括商品合规、关务合规、税费合规、营销合规等。

合规是企业依法依规经营、防控合规风险的一种自我治理方式。现代企业合规制度，肇始于美国。20 世纪 30 年代，大萧条引发了世界范围内的经济和社会动荡，引起了一系列连锁反应，美国由此认识到，加强金融机构的有效监管对于系统稳定极为重要，企业合规制度应运而生。全球第一部系统性合规法案是美国《反国外贿赂法案》，于 1977 年 12 月 6 日颁行。21 世纪后，企业合规机制逐渐成为美国执法机关普遍使用的激励和惩戒机制。

波动的全球局势，地区贸易保护主义，海外法律规范……每一项都可能成为影响企业出海市场选择和投资力度判断的负面因素，许多看似偶然的风险事件，似乎都爆发于一夕之间。企业出海已经走过了"挣快钱"的时代，业内专家提醒出海企业，一定不要游走在合规红线的边缘，要逃离性价比红海，要推出较高溢价的产品，而不要单纯在压低利润、走规模上互相内耗。企业要高质量出海，就要向上打开空间，努力向供应链、价值链的上游走，占领一个有利的生态位。

绿色发展：出海的压力测试

从理念上看，全球绿色发展和能源转型，将为中国出海企业发展带来新的机遇。全球绿色发展和能源转型将有利于出海目的地解决能源供应和环境保护问题，打破经济发展瓶颈的约束。与此同时，企业追求可持续发展和绿色增长，会为自身发展带来新的机遇。

环保生产、绿色发展不仅是大企业的责任，中小企业也一样可以有所作为。中国出海企业在非洲生产、销售太阳能灯的案例，给人很多启发。这款名为"蜡烛消灭者"的太阳能灯只有巴掌大小，由9个部件构成，只用了一颗螺丝，所选择的太阳能板和磷酸铁锂电池使用的都是优质材料，每个部件都可以单独替换，这款灯的售价只有5美元，能持续使用5年，平均1年只要1美元，亮度是煤油灯亮度的3倍。2009年至今，这款灯不仅为全球7 000万名用户带去了光和电，帮助用户累计节省电费1.78亿元，也为全球减少了594万吨碳排放。

通过这款被誉为"口袋里的太阳"的太阳能小灯，中国女企业家李霞点亮了非洲无电网覆盖地区千万人民的生活。她因此在2024年世界经济论坛年会上荣获施瓦布基金会"2024年度社会企业家"奖。她介绍说，公司绿色意识贯穿从产品设计、生产到售后的每个环节的每个细节。比如，公司生产的太阳能媒体机的包装纸盒，比普通的黄色纸箱厚一些，可以作为衣物收纳盒。这样设计的目的一是避免收纳盒被当作垃圾丢弃，垃圾焚烧会污染环境，二是为了让非洲当地女孩子有放置自己隐私衣物的容器。她说："通过这个包装，我们想提供一个工具，让她们可以过上相对体面和有尊严的生活。"

李霞分享经验说，为了做成与非洲人的这种"小生意"，企业就得按照 3R 的理念去设计产品，3R 就是 reduce（节约）、replace（可替换）和 reuse（再利用）。如果产品用最少的材料，尽可能就地取材，就容易更换零件和维修，容易实现生命周期延长，可让消费者减少对能源和资源的投入，并让消费者花的每一分钱都能创造价值，实践绿色发展的理念，那么，这是否意味着企业的盈利空间被挤压呢？企业发展壮大与承担社会责任矛盾吗？李霞透露，公司会采用世界银行发布的可持续标准来生产产品，每两年公司就每款产品都要额外花 10 多万元测试费，一年的测试费就近 100 万元。但是，一旦产品通过世界银行的标准认证，企业就可以参与世界银行补贴的项目，世界银行会给消费者 50% 的补贴，相当于降低了消费者一半的购买成本。她说："我们的产品成本可能比同款贵了 20%，但是因为补贴了 50%，相当于消费者购买我们的产品便宜了 30%，这就给我们留出了足够的发展空间。"

绿色标准总是在不断发展和提升。以出海"新三样"之一的锂电池为例，2024 年 7 月，欧盟有两项与"碳"相关的进口规定生效。根据 2023 年颁布的《欧盟电池与废电池法规》，自 2024 年 7 月起，出口到欧盟市场的大部分电池需提供碳足迹声明及标签，在对欧盟市场出口的产品中至少 80% 的碳总排放量必须开始使用实测值。

目前有些企业正在考虑在欧洲或其附近地区建立生产基地，从而减少在运输过程中的碳排放，因为运输这部分其实也是被纳入碳足迹测算中的。有专家分析，对于企业而言，这些减碳规定出台后，首先是合规性成本将增加。企业需要投入更多资源来满足欧盟关于碳足迹声明和标签的具体要求，包括形成和改进现存的碳排放监测报告，以及获得由欧盟体系认可的认证报告。其次，企业面临的供应链管理要求也提高了，产品的市场准入门槛也将明显地提高。有些企业可能就面临着被挡在市场准入门槛之外的局面。可以预见，碳足迹标签将成为许多出口产品必备的"通行证"，绿色发展理念正在转化为企业行动，在为各国经济带来新动力的同时，还推进绿色壁垒和环境约束逐步增强，促进解决全球环境问题的国际制度构建和各国合作，从而推动新的全球治理机制形成。

颗粒度越来越细的数据保护

"数据就是网络时代的石油"，数据财富赋予科技巨头风暴般席卷全球的力量。据统计，截至2024年4月，全球网民数量已达54.4亿人，网络中每天产生大量的社交信息和交易数据，这些都被科技巨头牢牢把持着。涉及隐私的信息或数据被非法占有并变现等各种问题泛滥，一些科技巨头无节制地从中获取利益，而网民们却对各种应用产生"成瘾性"依赖，无法抗拒。

《通用数据保护条例》（简称 GDPR）叫停了这场疯狂的数据淘金，至少是暂缓了这场无序掠夺的热潮。2018 年 5 月 25 日，欧盟出台 GDPR，此条例在欧盟全体成员国正式生效。这一条例被称为欧盟有史以来保护个人数据隐私最严格的法律规定。根据该条例，欧盟成员国公民享有数据的处置权，用户在 GDPR 中被称为数据主体，他们有权要求相关公司删除、更正私人信息；同时，用户享有数据迁移的自主权，可以将自己的数据从一个平台转移到另一个平台。对于用户请求，企业必须在 72 小时内做出回应。

GDPR 的出台是用户数据保护的一个里程碑，其原则简单来说就是："我的数据我做主。"对此，有法律界人士评价，虽然当前 GDPR 缺乏实施细则，未来的相关执法工作不乏弹性灵活的空间，但 GDPR 不会允许企业对用户需求坐视不理。GDPR 的目标在于将用户数据的控制权从大企业交还给用户。

自 GDPR 实施以来，包括 Facebook、Twitter（推特，已更名为"X"）、苹果等在内的一些线上服务平台开始更新隐私条款，并以推送通知、邮件等形式要求用户重新确认。很多用户发现，昨天还用得好好的手机应用，今天自己突然要像新用户一样，需要确认冗长的隐私条款。

GDPR 威慑力巨大，实施伊始就敲响了共享单车企业折戟欧洲市场的"丧钟"。在 2018 年之前，欧洲有 8% 的人口每天采用最多的出行方式是骑自行车，包括摩拜（Mobike）、ofo、oBike 和 GoBee 在内的亚洲大型共享单车企业，在风投资金的支持下，大量涌入欧洲城市。后来，因为车辆在欧洲市场被损坏、盗窃情况严重，以及运营成本过高等问题，共享单车业务发展严重受挫。2018 年摩拜传出正接受德国数据监管机构调查的消息，更是掀起一轮共享单车企业的海外大撤离。

据《金融时报》2018 年 12 月的报道，德国数据监管机构开始对摩拜进行调查，原因是这家快速增长的共享单车公司被怀疑违反了 GDPR。当时，摩拜独特的橙色单车已成为欧洲 23 个城市的常客，包括伦敦、巴黎、马德里、米兰和鹿特丹等。在全世界范围内，它声称拥有超过 2 亿个注册用户。GDPR 是一项非常复杂的法规，调查指出：共享单车平台令人担忧的问题是，它们通过手机应用程序收集了大量用户数据，包括用户在没有使用共享单车时的精确位置。对于摩拜这样的非欧盟成员国供应商来说，GDPR 带来了额外的挑战，因为 GDPR 限制企业将数据传输到欧盟成员国以外的地方。

GDPR 适用于欧盟全体成员国，只要企业处理的信息与欧盟成员国公民有关，即使企业设在欧盟成员国之外，也适用于该条例。除了数据的收集、使用和处理中的种种问题，有专业人士还提出，企业在信息转移过程中要格外留意以下问题：将从消费者及员工那里收集到的信息提供给代理商、供应商、零售商及其他第三方合作伙伴的流程和行为是否合法？有没有充分检查第三方在隐私保护方面的能力并与其签署数据使用和隐私保护协议？有没有将收集到的个人隐私信息透露和转移给没有业务上的需求或没必要知晓这些信息的第三方？为降低处理数据的成本，在将数据集中处理或转移到其他国家时有没有进行合规审计？

GDPR 的实施对世界上越来越多的国家和企业产生了巨大的影响，企业面临的对个人隐私和信息数据保护的要求将越来越高。比如，GDPR 规定，信息控制者从设计系统开始就需考虑数据保护，而不能之后追加，而且应当以一种简单易懂、容易获取的形式，通过清晰简明的语言，采取合理的措施，提供所处理的个人信息，特别是儿童的信息。

欧盟对违反 GDPR 造成严重后果的企业最高可处以

2 000万欧元的罚款,或者收取相当于该企业上一年度总营收额 4% 的罚款(以二者中较高的一项为准),企业负责人还可能面临牢狱之灾。2019 年初,法国数据保护监管机构 CNIL 对谷歌处以 5 700 万美元(约合 5 000 万欧元)的罚款,这也是 GDPR 生效以来 CNIL 实施的第一笔罚款。原因是谷歌搜索引擎在告知用户处理其个人数据的方式上缺乏透明度和清晰度,并且未获得用户的同意就推送个性化广告。

如何理解谷歌缺乏数据透明度?CNIL 做出解释,首先,数据处理目的、数据存储期及用于广告个性化的个人数据类别等基本信息被过度传播,但用户通常很难理解自己的数据是如何被使用的。其次,在默认情况下,谷歌确实会要求用户登录或注册谷歌账户,如果没有谷歌账户,他们的体验会很糟。而根据 GDPR 的规定,要求用户同意捆绑是非法的。

当然,对于数据保护领域,法学界是存在争议的。数字平台经济的典型特征就是赢家通吃,头部企业普遍都建立了自己的数据"花园围墙"。有学者认为,隐私保护合规监管的增强与数据安全要求的提高,更是刺激它们进一步加筑了"花园围墙",并把这作为一种常规竞争手段,将数据锁在生态系统内,以获得垄断性的竞争优势,甚至利用数据捆绑库存或排他性条款，以控制用户、产业链、客户、广告主，并压制潜在的竞争对手。

近年来，数据的开放共享与隐私保护、数据安全之间的矛盾，导致商业冲突和不正当竞争纠纷不断。在法学界，有观点认为，当前关于确认数据权属的法律基础还不明确，数据是属于平台还是用户个人很难确认；不正当竞争的行为边界比较模糊，哪些行为是数字平台在滥用数据垄断权，哪些行为是竞争者在"搭便车"，一些行为到底是有利于还是不利于市场竞争，还不容易辨析清楚。因此，在不同时期和场景下，监管机构与法院的把握尺度与判罚逻辑也在不断发生变化。

无论如何，GDPR 让企业面临的数据保护问题变得更加复杂和充满不确定性，而欧美的老牌跨国公司或者创新科技巨头也面临着一些难以逾越的障碍。如果企业不能在隐私和数据保护方面做到合规，那么其将在全球市场中寸步难行。特别地，企业绝不能碰数据合规的红线，否则将面临灾难性的后果。据报道，GDPR 实施后，国内某自媒体平台就考虑退出欧盟市场，最大可能是出于对个人数据隐私保护合规方面的考虑。

GDPR 使欧盟地区成为世界上对个人信息和数据保护最严格的地区。近年来，世界各国纷纷效仿 GDPR，出台保护个人信息和数据的法案。因全球数据监管的收紧，数据合规领域的问题越来越复杂，越来越精深。为了应对企业出海通用数据保护领域的暗礁，专业的数据合规律师已经出现，一些地方甚至出现了掌握多种技术的数据保护官，处理棘手的数据合规问题。

数据合规的治理规则是数字化时代社会治理规则体系越来越重要的组成部分。数字经济、人工智能、元宇宙等的发展背后都有赖于由数据伦理和数据处理规则构成的支撑体系。在一个治理得当、共享繁荣的社会里，资本裹挟技术导致数据滥用这一现象将会得到有效控制，普通人无须无限制地让渡个人信息和隐私权，就能从数据的合理使用中得到好处，比如生活更安全，办事更方便，享受到更多的福利。

ESG：打开可持续发展格局

"福耀玻璃美国多个地点被国土安全部突击搜查，指控罪名极其严重！"2024年7月的最后一个周末，一则重磅消息传遍全网。"然后呢？"就在网民等着看结果时，7月28日下午，福耀玻璃就披露了《福耀玻璃工业集团股份有限公司关于美国政府机构对子公司福耀玻璃美国有限公司发起配合调查的公告》。公告称，位于美国俄亥俄州莫瑞恩市的全资子公司福耀玻璃美国有限公司（以下简称"福耀美国"）于美国当地时间 7 月 26 日上午 10 时左右，接受美国政府机构的上门搜查。福耀美国并非该调查的目标，主要是配合美国政府机构针对一家第三方劳务公司进行调查。

据外媒报道，调查人员来到俄亥俄州代顿地区，在多个城市执行 28 项联邦搜查令。负责该调查的探员表示："我们的调查重点是金融犯罪、洗钱、劳工剥削和潜在的人口走私违法行为。目前执法部门正努力找到受害者，为他们提供服务，并收集调查相关证据。"

需要说明的背景是，2014 年，中国福耀集团收购了通用汽车位于莫瑞恩市已关闭工厂的部分股权，并将其改建成全球最大的汽车玻璃生产基地。后来以此为原型，由奈飞出品的纪录片《美国工厂》夺得第 92 届奥斯卡金像奖最佳纪录长片奖。该纪录片展现了中国企业在美国本土化的一波三折。福耀玻璃建厂后，迅速给当地带来经济效益，但文化的冲突以及各种矛盾也随之显现出来。工厂原料被质疑、员工权益保障是否到位、卫生环境是否达标、公司是否按照美国标准来经营等问题，使得这家帮助美国制造"回流"的中国企业陷入僵局。

同样的戏码，一样的套路，在宁德时代的德国工厂也曾上演。2023年初，德国海关因怀疑该工厂存在非法劳工问题，一举出动多达250名官员及警察，突然封锁该工厂，控制了在场所有工人，调查期间甚至还有一架直升机在工厂上空呼啸盘旋。据外媒报道，宁德时代2017年开始在德国埃尔福特进行绿地投资，目前已约有1 500名员工，投资额从承诺的2.4亿欧元已增至18亿欧元。该项针对宁德时代的调查，最终结果仅是，某家当地供应商被查出有一个员工签证存在问题。

其实，福耀玻璃在国内发布ESG报告已经七八年了，宁德时代在合规上也下了血本，但当地政府这样穷追不舍，很能说明一些问题。中国的出海企业被当地政府拿着放大镜，用ESG价值体系框架，一遍又一遍地审视。有法律界人士分析，出海企业投资建厂必须掌握当地的税法和劳动法，这是最基本的两项法律：税法影响企业的成本与收益，而劳动法则决定了企业运作与人员管理的有效性和合法性。有些国家和地区，在劳动法方面给企业的经营活动设置了很多约束条款，增加了人力资本隐性支出。

从概念上看，ESG是environmental（环境）、social（社会）、governance（治理）三个英文单词的首字母组合，是充分关注环境、社会和治理因素的企业经营理念和投资决策实践。ESG强调企业不仅要关注财务绩效，还要从环境、社会和治理的角度衡量企业价值，使企业履行社会责任的实践表现可量化、可比较并可持续改善。有人习惯于将ESG与绿色低碳简单地画等号，其实不然，ESG不仅仅是一个环保概念，而且是一个涵盖了环境、社会和公司治理三个维度的综合概念。其中，社会维度关注的是如何提高社会福祉、保障公众权益，而公司治理维度则注重如何提高公司的透明度、责任感和道德水平。

在国际投资中，ESG的重要性越来越引人注目。2015年，联合国发布了"2030年可持续发展议程"，其中包括17个可持续发展目标和169个相关具体目标，重点是在全球消除贫困和饥饿，促进经济增长，加强全球生态文明建设，促进可持续发展。这不仅体现了人类对工业文明进程的反思，也体现了人类对当今社会发展模式的要求和对未来社会的愿景。

英国经济学家亚历克斯·爱德蒙斯的著作《蛋糕经济学》从经济学理论出发，论述了企业如何确立宗旨，"做大蛋糕"，并说明了当企业以宗旨为导向、增进社会价值时，往往可以实现长期利润，收获长期成功。这套理论框架，被概括为"蛋糕经济学"。我们通常认为ESG就是"不作恶"：确保公平地分配蛋糕，比如减少碳排放、减少工伤、及时进行产品召回。但爱德蒙斯主张，ESG是

"积极做好事"：做大蛋糕，积极地为社会创造可持续价值，引领实现高质量发展。

随着全球可持续发展理念深入人心，各国政府、非政府组织、消费者以及投资者，均将 ESG 表现视为衡量企业价值的重要标尺。中国不少出海企业认为，ESG 理念还过于遥远，但随着欧盟等组织密集出台的一系列 ESG 标准和法规的落地实施，企业不仅要在产品设计、生产、供应链管理等各个环节实现绿色转型，还要注重在社会责任和公司治理方面的透明度和责任感。从内部看，ESG 合规能促进企业内部的治理改革，提高运营效率和管理水平；通过 ESG 实践，企业能够发现新的增长点和创新点。从积极的意义上看，ESG 合规能够帮助出海企业塑造正面形象，提升品牌价值和社会认可度，吸引更多关注可持续发展的消费者和投资者。

具体到企业层面，中国上市公司较早开始关注 ESG 因素对自身发展和投资价值的影响，增强了 ESG 内化体系的建设，提高了信息披露的水平。由于"一带一路"项目主要集中于能源、基础设施建设、采矿等行业，所以它们在具体的运营技术层面和整体的法律合规层面都可能面临较高的 ESG 要求，例如，对水资源的利用和对水环境的保护，对土地资源的利用与保护，对生物多样性和生态系统的保护，对当地原住民文化的关注，与当地社区的交流沟通及对其的合理承诺，等等。

值得留意的是，中国投资者在拉丁美洲和加勒比地区曾密集遭遇与 ESG 相关的争议。经过约 20 年的持续投资，中国已成为拉丁美洲和加勒比地区的最大贸易伙伴和外国直接投资的主要来源。2000—2020 年，中国与该地区的贸易总额从 120 亿美元增至 3 150 亿美元，增长逾 25 倍。中国在拉丁美洲和加勒比地区的投资传统上集中在能源、矿业和基础设施建设领域，近年来不断向绿色能源、信息及通信技术领域扩展。随着该地区在 ESG 方面的监管力度不断加强，中国投资者也遇到诸多挑战。

有法律界人士提醒中国投资者，不仅要关注企业自身运营情况，还要对东道国的法律环境、政策变化及争议解决等方面有充分的了解，要结合不同层级的法律规范和政策要求形成并加强对投资项目的把控，预防争议的产生。

2024 年初有消息称，法国国民议会一致通过了旨在打击低成本、快时尚的法案，它已经进入立法程序。该法案以减少纺织工业对环境的影响为名，计划从 2025 年起，对每件快时尚产品征收 5 欧元生态足迹附加费，到 2030 年将增至 10 欧元。据第一财经报道，该法案的解释性备忘录提出："中国的成衣企业希音平均每天推出超过 7 200

件新款式的衣服，为消费者提供超过47万种不同的产品。希音提供的产品数量（逾47万种）是传统法国品牌的900倍。"法国国民议会宣称，这造成了消费者冲动购买，并倒逼欧洲时尚品牌增加产量以应对"恶性循环竞争"。

据法国相关数据，2013—2023年，法国每年销售的服装数量增加了10亿件，达到33亿件，即人均超过48件，但与之反差巨大的是，服装和鞋类行业2013—2023年总共减少了3.7万个工作岗位。这意味着市场的增长并没有为本土服装品牌带来发展空间。特别是曾占据一半市场份额的中档成衣品牌，近年来发展岌岌可危，多个法国服装旗舰品牌面临大规模裁员或司法清算。

与此同时，速卖通、Temu和希音在欧盟市场的影响力与日俱增。据德国媒体报道，Temu和希音每天向德国运送约40万个包裹，四分之一的德国人都曾在Temu上购物。有意思的是，Temu平台上几乎没有产品的价格超过150欧元，且如果商品总价超过150欧元，商家可以拆包发货。"拆包"的操作就是为了绕过欧盟的规定：超过150欧元的商品应缴纳关税。对此，欧洲议会近期表示，将进行自1968年以来最大规模的海关改革，并成立欧盟自己的海关部门。

企业面对不断升级加码的税收和监管政策，恐怕不是简单一句"要合法合规"能解决的，企业应未雨绸缪。有专家建议，企业要根据当地法律的要求，建立起自身的 ESG 合规体系，并对外定期披露 ESG 合规情况，同时积极倡导环保的理念，承担起更多的社会责任。

为此，以希音为代表的中国企业没有"坐以待毙"，开始讲述 ESG 品牌故事，交出了一份令人惊喜的 ESG 答卷。其中，宣传的重点自然少不了最核心的柔性供应链模式，按需生产、减少库存，从源头上减少布料等资源的浪费，引领时尚服饰行业的可持续发展。在原材料环节，希音与美国可持续时尚企业 Queen of Raw 建立合作伙伴关系，采购其他品牌的过剩库存面料，进行再利用，以减少原材料消耗。在研发和生产制造环节，希音积极应用新工艺，比如采用数码热转印工艺，经国际机构认证，该工艺过程零耗水，再比如使用了经国际纺织及皮革生态学研究和检测协会认证的不含有害物质的环保油墨，实现了生产制造的绿色节能环保。在仓储物流环节，仓库屋顶光伏装机持续扩容，新引入的新能源卡车相比传统方式预计可减碳近 30%；持续减少运输过程中原生塑料的使用，增加再生塑料包装袋、快递袋的应用。

可以看出，希音正在跳脱出过往的"出货"思维，进一步探索如何在海外市场建立符合 ESG 理念的可持续品牌。希音给我们的启示是，当在 ESG 方面陷入不利局面时，要做出快速调整，依托国际社会普遍认可的评价标准和行动准则，主动争取评估机会；还可以和循环经济领域知名的各国环保组织（基金会）进行合作，加入它们，在它们活动的体系框架下，把企业的 ESG 理念和故事传播出去。

一些企业可能会觉得"岁月静好"的 ESG 理念未免太过奢侈。在实际操作中，大多数中国出海企业只是将相关工作分配给市场公关部门，或者直接外包给咨询公司，在企业的组织架构中并没有设置 ESG 或可持续发展部门。今天的商业文明已经不是原始的、早期的商业文明，商业不仅仅拥有冷冰冰的数字，而且拥有丰富的内核。企业家如果能践行人文关怀和环保理念，将对消费者形成一股强大的精神感召力，从而推动品牌向善而行，最终赢得当地消费者、政府和社会的尊重和认同。

中国企业出海，合法合规是必修课，而践行 ESG 理念则是在更高层面打开格局，掌握 ESG 体系建设的国际话语权，从而确保企业在全球化征程中行稳致远。

第十章 全球化新蓝海战略

> 领导者和追随者最大的区别在于创新。
> ——苹果公司联合创始人乔布斯

在用前面九章的篇幅系统梳理了与出海战略有关的Where、Why、How、When和What这五大问题之后，不难看出，任何出海战略的设计，底层逻辑应该都是管理和利用国与国之间出现的差异。在最后一章，我们向读者介绍一个全新的整合框架——"AAA三角形"。之后，通过简要阐释德鲁克提出的创新的七大源泉，以及全球战略的三大悖论与三大创新，我们尝试为企业家提供系统化的思路。最后，我们来介绍本书创造的一个新词——"Glovidical"，代表全球的（global）、价值创新（value innovation）和颠覆式创新（disruptive innovation），并称之为"全球化新蓝海战略"，以说明中国企业的出海新战略。

AAA 三角形全球战略框架

AAA 三角形全球战略框架（见图 10-1）以独特的视角，重新定义了企业的全球战略布局。这个框架是由潘卡吉·盖马沃特教授于 2007 年提出的。他曾是哈佛大学商学院历史上最年轻的正教授，他还是 CAGE 距离模型的提出者。AAA 三角形的三个顶点，分别矗立着适应（adaption）、聚合（aggregation）与套利（arbitrage）三大战略思维，它们不仅是企业出海征途中的路标，更是企业智慧与勇气的结晶。

第一个 A 是 adaptation（适应），是对某一个本土市场的深刻理解与融入，如同异域的花朵，在本土绽放出不凡的光彩。一个最为极端的情形就是，适应战略要求企业化身千面，为每个国家的市场量身定制策略，让供应链的每一个环节都精准对接当地需求。对于很多出海企业而言，这往往是最初的启航之旅，也是其全球化梦想的起点。

第二个 A 是 aggregation（聚合），则是将全球视为一盘棋，通过规模经济的魔法，将各地的资源与能力汇聚成一股不可阻挡的力量。聚合战略倡导标准化与高效，让产品和服务跨越国界，实现无缝对接。在这一过程中，企业不再局限于单一市场的得失，而是以全球视角审视每一个机遇与挑战。

第三个 A 是 arbitrage（套利），可以被看作精明商人手中的利刃，商人利用市场间的差异，捕捉每一个缝隙的利润。比如，企业可以在印度建立呼叫中心，在中国布局生产线，再到美国开设零售店。套利战略是指巧妙地在全球版图上布局，利用各国的成本优势与资源禀赋，编织出一张错综复杂的跨国经营网络。

在 AAA 三角形中，企业的利润表给出了解读每个"A"重要性的密码。通过分析广告、研发、劳务等方面

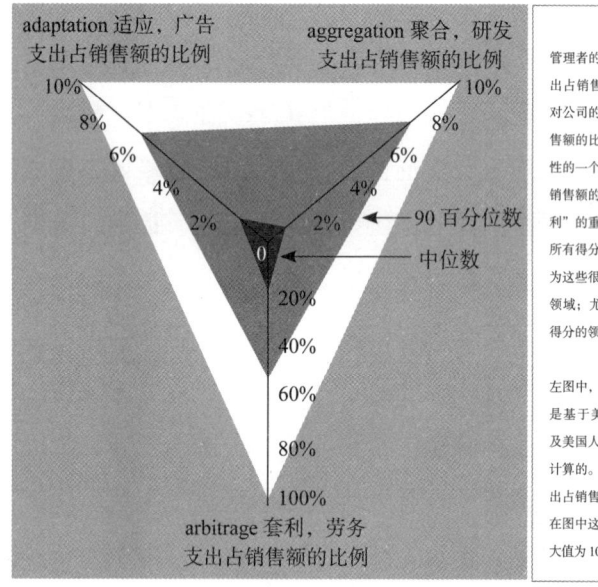

adaptation 适应，广告支出占销售额的比例 10% 8% 6% 4% 2% 0 aggregation 聚合，研发支出占销售额的比例 10% 8% 6% 4% 2% ← 90 百分位数 ← 中位数 20% 40% 60% 80% 100% arbitrage 套利，劳务支出占销售额的比例	**AAA 三角形** 管理者的一种战略地图。广告支出占销售额的比例表明"适应"对公司的重要性，研发支出占销售额的比例是反映"聚合"重要性的一个代理指标，劳务支出占销售额的比例则有助于衡量"套利"的重要性。管理者应该关注所有得分高于中位数的领域，因为这些很可能是值得战略关注的领域；尤其是高于 90 百分位数得分的领域，绝对不容忽视。 左图中，中位数和十分位数得分是基于美国 Compustat 数据库以及美国人口普查局的制造业数据计算的。由于广告支出和研发支出占销售额的比例很少超过 10%，在图中这些比例被赋予的可能最大值为 10%。

图 10-1　AAA 三角形全球战略框架

资料来源：GHEMAWAT P. Managing differences: the central challenge of global strategy[J]. Harvard business review，2007，85（3）:58-68.

的支出占销售额的百分比，我们能够清晰地洞察到企业的战略重心所在。

譬如，对于广告密集型的企业而言，需要在适应战略上倾注更多心血，以确保品牌信息的精准传达以及与本土市场的深度融合；而研发密集型的企业，则可能更倾向于聚合战略，通过规模效应摊薄研发成本，加快创新步伐；至于劳动密集型的企业，通过套利战略，可以利用全球各地的成本优势与资源禀赋，构建起一条高效运转的利润链条。

然而，AAA三角形的核心，并不在于适应、聚合、套利这三者之间的简单叠加，而在于企业如何根据自身的实际情况，灵活选择并平衡这三种战略。正如航海家在大海中需根据风向与水流情况调整航向，出海企业也需要在不断变化的市场环境中，寻找最适合自己的航线。而且，并非所有企业都能同时驾驭三种战略。在复杂多变的出海进程中，许多企业往往需要集中精力，专注于一两个A，以形成稳固的竞争优势。

而对于整合（注意：是integration,整合；不是aggregation, 聚合）机制的运用，企业也需要展现出高超的创造力与高度的灵活性。整合不仅是一种手段，更是一种艺术，无论对于内部整合还是对于外部合作，企业都需要根据实际情况灵活调整策略，以实现价值的最大化。比如，有的企业已经迈出了尝试"AA策略"的步伐，即它们不仅在单个维度上追求卓越，更在两种战略之间找到了微妙的平衡。为达到这种平衡，企业不仅需要有战略眼光，更需要有强大的组织能力与创新精神。

AAA三角形框架的意义在于提供了一个全新的视角，让我们能够更加清晰地看到企业在出海进程中面临的战略机遇与组织挑战。企业除了可以通过识别和利用国家间的差异进行劳动力套利外，还可以利用税收差异或知识差异带来的优势，优化资源配置，提高竞争力，从而在全球市场中占据有利地位。同时，管理者需要注意的是，要关注企业内部压力，确保战略决策与企业的实际情况和长期目标相一致。

然而，AAA三角形全球战略框架的规范性较弱：它可以为计划战略的管理者提供指导，或解释现有的企业行为，但它并不能提示在特定市场情况下或利用当前可用资源时的最优策略是什么。在这个充满变数的BANI时代里，只有那些能够灵活运用各种战略、不断创新与适应的企业，才能在出海的浪潮中乘风破浪，驶向彼岸。

创新的七大源泉

杰克·韦尔奇，20世纪最具影响力的CEO之一，曾是通用电气的掌门人，有一句至理名言："如果你没有竞争优势，就不要竞争。"若将这一理念应用于企业的海外扩张战略，其含义显而易见：企业若缺乏竞争优势，就不应盲目投身于海外市场的激烈竞争。进一步地，外国直接投资理论的奠基人约翰·邓宁提出，企业要想在全球舞台上取得成功，就必须拥有某些独特的优势。

正如我们在前述章节所介绍的，这些优势传统上被视为企业的核心竞争力，而邓宁则将其更精确地定义为"所有权优势"。企业唯有掌握了这些优势，才能克服跨国经营的额外成本，并在东道国市场中与当地企业及其他竞争对手进行有效的竞争。这种战略思维强调了在全球化进程中，企业需要明确自身的优势所在，并据此制定出明智的国际化路径。不是所有的企业都适合或有能力在海外市场一展身手，只有那些拥有明显所有权优势的企业，才能在国际竞争中站稳脚跟，实现可持续的发展和成功。

在全球化的浪潮中，中国企业正勇敢地扬帆出海。然而，一个普遍的共识是：跨出国门只是出海的第一步；真正融入海外市场，乃至在其中占据一席之地，是一项充满挑战的任务；而多年来，能够成功攀登至海外市场顶峰的中国企业，实属罕见。2005年，海尔集团创始人张瑞敏在"中国企业走出去国际论坛"上首次公开分享了他的洞见，将企业全球化分为走出去、走进去、走上去三个层次，而创新是海尔全球化成功的关键。

那么，何为创新？约瑟夫·熊彼特，20世纪创新理论的奠基者，1912年在《经济发展理论》一书中提出"创新"一词，并在1939年进一步深化了创新理论。熊彼特将创新定义为，对生产要素和生产方法进行重新组合，以创造全新的生产函数，实现生产效率的飞跃。他明确提出了产品创新、技术创新、市场创新、资源配置创新和组织创新五种创新形式，它们至今仍对现代企业管理实践有着深远的影响。

彼得·德鲁克，被誉为"管理学的奠基人"，以其卓越的商业洞察力和经济趋势预测能力闻名于世。1985年，德鲁克在《创新与企业家精神》一书中深刻指出，创新不仅是企业家的工具，更是一门有目的性、系统化的科学。德鲁克强调，创新不局限于技术革新，它还可能是一个新颖的创意或独到的见解，关键在于它能否为顾客带来新的价值和更高的满意度。德鲁克进一步提出了创新的七大源泉，为企业创新提供了系统化的思路。以下是对这些源泉的简要阐释。

意外事件：企业应敏锐捕捉意外成功或失败背后的机

会，如一家餐厅发现新菜品出人意料地受欢迎，便可以将其推广并开发系列菜品。

不协调的事件：市场需求与供应不匹配，或客户反馈与产品性能不一致，都是创新的契机，如物流公司增加配送资源，或软件公司升级软件功能。

程序需要：流程出现瓶颈或服务体验不佳，促使企业进行流程优化或服务改进，如制造企业引入自动化设备，或银行优化排队系统。

产业和市场结构的变化：新兴市场的需求增加或产业整合，为企业提供新的增长点，如电子公司布局智能家居市场，或医药公司通过并购扩大市场份额。

人口统计数据的变化：社会人口老龄化或年轻人口增加，促使企业开发适合特定人群的产品或服务，如健康产品或教育服务。

认知的变化：社会环保意识或健康意识的提升，促使企业开发环保包装或健康食品。

新知识：技术创新或科学发现，为企业带来突破性的产品，如汽车公司研发新型电动汽车，或制药公司开发新药。

说到这里，大家对熊彼特和德鲁克的创新理论有了一些了解，但可能会忽略我们所关注的中国企业出海战略。其实，出海意味着企业将面对国内国外两个市场，以及国内国外两种资源。如果说"不出海，就出局"多少透露着一种战略上的被逼无奈，"出海就是出路，出路就是未来"则是一种战略上的创新思维。企业若能结合熊彼特的"组合创新说"和德鲁克的"创新机会来源说"所给出的创新洞见，洞察并把握国内国际双循环带来的机会，便有可能在全球市场的不断演变中进一步形成竞争优势，实现持续创新与发展。

全球战略的三大悖论与三大创新

战略创新从哪里来？在全球战略管理领域，有三大经典的战略悖论。而对这些悖论的分析和破解，就产生了相对应的三大战略创新。

悖论可以理解为"固有的相互依存和持续的紧张关系"。具体来说，悖论指的是"矛盾但相互关联的元素（二元性）同时存在，并随着时间的推移而持续存在；当单独考虑时，这些元素似乎是合乎逻辑的，但当并列时，这些元素显得不合理、不一致和荒谬"。相比之下，困境表示"一种紧张关系，以至于每个相互竞争的替代方案都具有明显的优势和劣势"，其中劣势更加明显。在困境中，选择是"要么……要么……"，而在悖论中，对立面在一个融合的整体中共存（"和"的关系）。然而，悖论和困境之间可能存在重叠，这表明这两个概念之间存在密切联系。例如，当在更长的时间范围内，在 A 和 B 之间，任何选择看起来都是暂时的时，困境可能会被证明是自相矛盾的。因此，我们就将悖论和困境视为可以相互替换。

第一个悖论就是对于企业的竞争战略而言，成本领先战略和差异化战略不能同时追求，"成本、价值"不可兼备。

成本领先战略旨在通过降低生产和运营成本来提供低价产品，而价值（或差异化）战略则是通过提供独特的产品或服务来吸引顾客。迈克尔·波特在其竞争战略理论中指出，企业通常需要在这两者之间做出选择，因为追求低成本可能会限制产品的独特性，而追求差异化则可能增加成本。

波特语重心长地指出，如果企业试图同时追求这两者，可能会陷入"stuck in the middle"（夹在中间）的困境，既无法在成本上取得显著优势，也无法在产品或服务的独特性上脱颖而出，从而失去竞争力。因为这种情况会导致企业在市场上缺乏明确的定位，其产品或服务既不能吸引对价格敏感的消费者，也不能吸引对差异化有需求的消费者。因此，波特建议企业应专注于一种战略，以确保在市场上获得明确的竞争优势。

蓝海战略则是通过"价值创新"实现对成本和价值的

同时追求。W. 钱·金和勒妮·莫博涅共同提出了这一战略，并在《蓝海战略》一书中详细阐述了这一战略。"价值创新"是蓝海战略的基石，它强调企业不仅要降低成本，还要提升买方的价值，从而在市场上脱颖而出。

在 21 世纪初，美国葡萄酒市场竞争激烈，可谓红海。2001 年，产自澳大利亚的黄尾葡萄酒进入美国，通过"价值创新"策略取得成功，开辟了蓝海（见图 10-2）。此次成功具体体现在"价值创新"特有的 ERRC 框架应用上，ERRC 是 erase（删除）、reduce（减少）、raise（增加）、create（创造）的首字母组合。

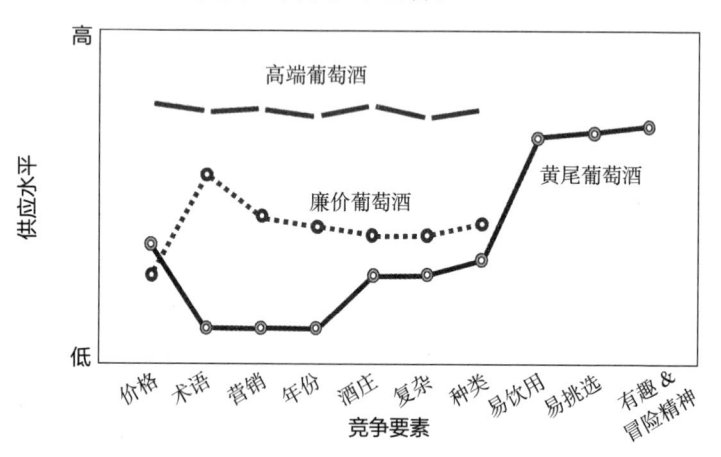

图 10-2 黄尾葡萄酒的蓝海战略示意

资料来源：KIM W C, MAUBORGNE R. Blue ocean strategy: how to create uncontested market space and make the competition irrelevant[D]. Boston: Harvard Business School, 2005.

这种策略剔除了传统葡萄酒的复杂术语和高投入营销模式，减少了种类多样性和口感复杂性，同时去除了年份酒的概念。它通过简化选择过程，降低了价格门槛，提升了产品的趣味性和易饮性，创造了一个易于接近、选择简便且富有冒险精神的葡萄酒形象。这不仅吸引了那些对传统葡萄酒感到陌生的消费者，也为葡萄酒市场带来了新的活力和增长潜力。目前，黄尾袋鼠在美国是价值最高、最受餐馆欢迎的葡萄酒之一，并已在加拿大、日本、意大利、南非和马耳他等地的市场上成为首屈一指的澳大利亚葡萄酒。

第二个悖论就是对于企业的国际化战略而言，全球一体化和本土化不能同时追求，"全球整合、本地响应"不可能兼备。

全球整合战略，类似于 AAA 三角形中的聚合，即通过在全球范围内进行一体化的统一业务运作，优化资源配置，实现成本效益最大化。其优点包括：促进跨地区的知识与经验共享，提升企业创新能力和运营效率，以及通过产品和服务的标准化实现规模经济。然而，这种战略也可能带来市场反应迟缓和管理难度增加等问题，尤其是在文化多样性较强和市场条件差异较大的地区。

本地响应战略，类似于 AAA 三角形中的适应。出海企业面对不同国家或地区的独特市场情况，采取本土化策略，强调当地放权和个性化，能够更精准地满足各地消费者的需求，提升本地响应能力。然而，放权到世界各地，可能导致企业在全球范围内的知识共享和协同效应降低；强调当地产品和服务的个性化，可能由于无法实现规模经济而出现成本增加。

在全球化的背景下，企业面临着在全球范围内实现效率和一致性（全球整合）与满足各地市场需求（本地响应）之间的矛盾。对于这个悖论，巴特利特（Bartlett）和高沙尔（Ghoshal）认为，传统的国际化模式（如多国本土化、全球产品分部等）已经无法应对现代企业所需的战略复杂性。他们在1989年出版的《跨边界管理：跨国公司经营决策》一书中，提出了跨国解决方案（见图10-3）。这是全球战略管理领域的重大理论创新，现在已经演进为Glocal（全球-本土）这个词。

Glocal战略，这一融合全球化视野与本土化深度的跨国解决方案，其精妙之处在于结合了全球化和本地化的优点，平衡了全球标准化与本地适应性。企业在全球市场中保持核心产品的标准化，同时对附加服务进行本地化调整，如全球快餐品牌在各地增加符合当地人口味的特色菜单。在市场营销上，Glocal战略采用全球统一主题与本地市场特点相结合的方式，进行二次营销，以引起本地消费者的共鸣。在供应链管理上，它通过集中采购来降低成本，同时根据本地要求灵活调整运营模式，以确保效率与适应性并重。

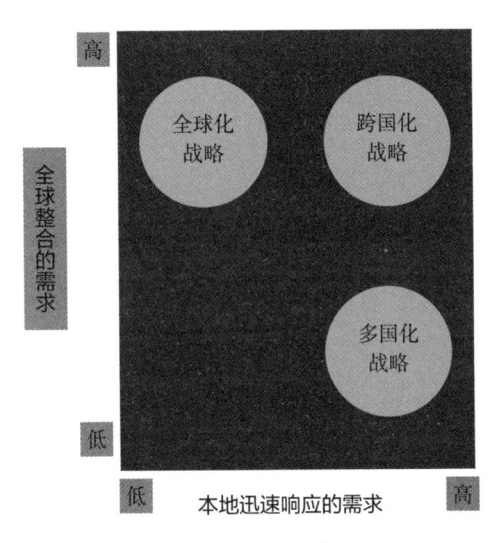

图 10-3　全球整合与本地响应

资料来源：BARTLETT C A, GHOSHAL S. Managing across borders: the transnational solution [M]. Boston: Harvard Business School Press, 1989.

比如，麦当劳在全球采用标准化的服务和管理模式，但是其菜单则根据不同地区的文化和饮食习惯进行调整。在印度，麦当劳提供素食和无牛肉选项，以适应当地消费者的需求。可口可乐采用了一种标准化的全球品牌战略，但其市场营销活动则基于当地文化、节日和习俗来定制。

这些方法在帮助麦当劳和可口可乐在全球范围内保持品牌一致性的同时，也帮它们更好地融入当地市场。而汇丰银行于 2012 年提出的"The world's local bank"（"环球金融，地方智慧"），也反映了 Glocal 战略的本质。现在，该战略更多体现为"Think global, act local"（全球思维，本土行动），这成为几乎所有成功的国际品牌都采用的战略。

第三个悖论就是"创新者的窘境"："为什么行业早期发展最好和最大的企业会遭遇失败？"

《创新者的窘境》是哈佛大学商学院教授克莱顿·克里斯坦森于 1997 年出版的一部管理学经典著作，它对许多商业领袖和企业家产生了深远的影响，包括乔布斯和贝佐斯等。克里斯坦森深入探讨了为何那些管理良好、市场领先的企业，在面对市场变化和技术变革时，往往无法继续保持行业领先地位，甚至可能遭遇失败。

克里斯坦森教授通过多个行业的案例分析，提出了"破坏式创新"的概念。企业常常因为过分关注现有客户需求和现有市场，而忽视了那些能够开辟新市场或颠覆现有市场的破坏性技术。这些技术在初期可能性能较低，无法满足主流市场的需求，但随着时间的推移，它们会逐步得到改进并最终取代旧技术。克里斯坦森强调，企业如果过度追求现有市场的延续性创新，可能会限制自身对新兴市场和破坏性技术的探索和投资。

据此,我们可以将技术类型和企业类型相匹配,形成一个 2×2 矩阵(见图 10-4)。

同样,我们将企业类型和客户类型相匹配,形成另一个 2×2 矩阵(见图 10-5)。

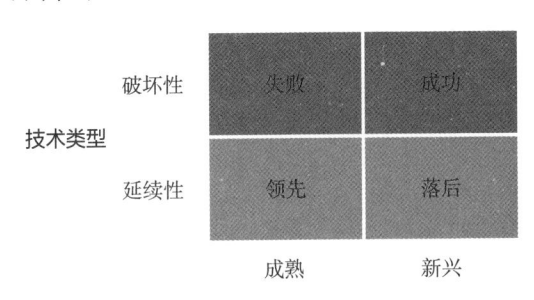

	成熟	新兴
破坏性	失败	成功
延续性	领先	落后

技术类型　　　　　　　　　　企业类型

图 10-4　技术-企业类型匹配矩阵

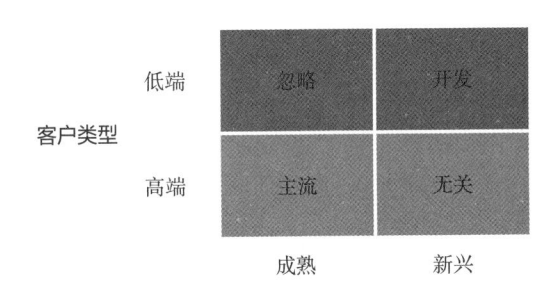

	成熟	新兴
低端	忽略	开发
高端	主流	无关

客户类型　　　　　　　　　　企业类型

图 10-5　企业-客户类型匹配矩阵

克里斯坦森还提出价值网络的概念——反映不同的产品结构、性能属性排序和成本结构,并指出这些都影响着企业对创新项目盈利能力的判断。他提出，一些企业在延续性创新中总能保持领先地位，但在破坏性创新中却容易表现不佳，这与它们在不同价值网络中的定位有关。

《创新者的窘境》为新兴企业颠覆成熟企业，以及成熟企业应对颠覆式创新提供了宝贵的见解。那么，如何把这样的逻辑应用到全球战略中呢？丰田进入美国市场是个非常经典的案例。

回望 1957 年，当丰田初踏美利坚的疆土，正值底特律三巨头——福特、通用汽车、克莱斯勒——沉醉于大排量、高性能的造车哲学之际。它们殊不知，一场变革正悄然酝酿。丰田没有选择与巨头们正面交锋，而是以一种近乎谦卑的姿态，潜入市场的缝隙之中，用可靠、经济、实用的紧凑型汽车，为那些被忽视的消费者群体点亮了希望。

这是一次对传统造车理念的勇敢挑战。丰田从最初 Toyota Crown 车型的蹒跚起步，到后来 Corona、Corolla 车型的风靡一时，用一系列精心打造的产品，证明了不为三巨头及其主流市场所重视的"小而美"，同样可以赢得市场的尊重与青睐。然而，市场竞争从不是单方面的独角戏。当丰田在低端市场站稳脚跟，并逐步向上渗透时，底特律的巨头们面临着"创新者的窘境"，是继续坚守高利润的大车市场，还是放下身段，去争夺那些看似微不足道的小车份额？最终，它们的选择，成为丰田崛起的最佳注脚。

在这场没有硝烟的战争中，丰田稳扎稳打，一步步构建起自己的市场壁垒。从低端到高端，从经济型轿车到豪华品牌雷克萨斯，丰田已不再是那个初来乍到的外来者，而已成长为与底特律三巨头并驾齐驱的行业巨擘。

Glovidical：中国企业的全球化新蓝海战略

从前文的讨论我们了解到，为了应对全球战略的三大经典悖论（即成本-价值，全球整合-本地响应，创新者的窘境），学术界和实践界产生了相对应的三大全球战略创新（即价值创新，跨国化方案，颠覆式创新）。

我们进一步提出，中国出海企业，作为一个整体，是全球化进程中的后来者，可以有意识地、系统性地学习应对三大悖论的三大战略创新，提升自身的认知和战略思维，并将其综合运用到出海实践中，打造自身独有的后来者优势，即所谓"他山之石，可以攻玉"。

我们据此"创造"一个新词——"Glovidical"，并称之为"全球化新蓝海战略"。首先，中国企业出海，一开始选择的大多是美日韩欧等地的成熟领先企业所轻视甚至忽视的某一个有着巨大潜力的市场，采取颠覆式创新；在一定程度上，这样的市场往往是蓝海。其次，为更好地实现全球整合与本地响应，中国企业一方面利用在全球尤其是国内的强大产能和供应链体系，将标准运营做到极致，另一方面又充分尊重当地客户的特殊需求，向当地提供差异化和个性化的产品和服务。最后，在具体的竞争要素选择上，则基于"价值创新"的ERRC框架进行删除、减少、增加和创造（简称"删减增创"）。

我们以前面介绍过的传音手机出海为例，进一步说明Glovidical如何帮助年轻的中国企业在全球市场上赢得一席之地。

传音2006年创立于深圳，同年选择非洲手机市场，将其作为出海的起点，这一市场在当时被许多大型手机制造商忽视了。通过提供价格低廉且满足当地消费者需求的手机，传音成功在低端市场获得了立足点，这正体现了颠覆式创新的典型特征。

传音通过蓝海战略的ERRC框架，制定了独特的市场策略。首先，传音消除了传统高端智能手机中不必要的复杂功能，专注于满足基本通信需求，从而以更低的成本生产和销售产品。其次，传音减少了对高端市场的依赖，转而专注于低端市场和新兴市场，避开了与全球主要手机制造商的直接竞争，找到了自己的市场定位。传音提升了产品的可靠性和耐用性，特别是在电池续航和多卡多待功能方面。通过提升这些关键功能，传音满足了非洲用户的实际需求，增强了产品的竞争力。最后，传音创造了许多针对非洲市场的独特功能和设计，如针对非洲人肤色的优化拍照功能和适应非洲气候的耐用设计，这些创新使得传音手机在非洲市场上独树一帜，赢得了用户的青睐。

  传音的 Glocal 战略体现在多个方面。传音具有强大的全球供应链整合能力，从产业链上游和公司内部运营角度看，传音的核心优势在于控制成本。通过与国内手机零部件供应商合作，传音推动这些供应商出海建厂，增强了采购的及时性与稳定性。传音根据非洲市场的需求，设计了许多本地化的产品功能，如多卡多待、长续航和优化拍照功能，这些本地化设计使得传音手机能够更好地满足非洲用户的需求。在营销策略上，传音采用了本地化的营销策略，通过与当地经销商合作，建立了广泛的销售网络，并通过赞助当地的音乐和体育活动，提升了品牌知名度和用户认同感。此外，传音在非洲市场上建立了完善的售后服务网络，提供及时的维修和技术支持，增强了用户的信任感和满意度，进一步巩固了传音手机在非洲市场的地位。在稳固非洲市场的基础上，传音积极拓展南亚、东南亚、中东和拉美等地的新兴市场,通过多元化的市场布局分散风险。

"全球化新蓝海战略",是我们对全书内容的总结和提炼,是在继承众多经典理论之后的一次创新。说到创新,就必然要说到失败,因为创新和失败是一枚硬币的两面。如果企业家渴望一次成功的创新,就要容忍99次的失败,因为出海是一个冒险家的游戏,是一段驶向未知的航程。最后,请记住乔布斯的忠告:"求知若饥,虚心若愚(Stay hungry, stay foolish)。"

参考文献

1. 施瓦布，马勒雷. 后疫情时代：大重构[M]. 北京：中信出版社，2020.
2. 安东尼. 先行者还是快速追随者？ [J]. 哈佛商业评论，2012.
3. 贝克. 你的全球化程度如何？——2009年中国企业领导力国际化调查报告[EB/OL].（2009-06-12）[2024-06-12]. https://www.fortunechina.com/magazine/c/2009-06/12/content_20037_3.htm.
4. BARTLETT C A , GHOSHAL S. Managing across borders: the transnational solution[M].[S.I.]: Harvard Business School Press, 1989.
5. FESER C, MAYOL F, SRINIVASAN R. Decoding leadership: what really matters[J]. Mckinsey，2015.
6. GHEMAWAT P. Managing differences: the central challenge of global strategy[J]. Harvard business review, 2007.
7. ISENBERG D J. The global entrepreneur[J].Harvard business review, 2008.
8. JAVIDAN M, LYNTON N. The changing face of the Chinese executive[J]. Harvard business review, 2005.
9. OVIATT B M, MCDOUGALL P P. Global start-ups: entrepreneurs on a worldwide stage[J].Academy of management executive, 1995.
10. 法国数据保护监管机构向谷歌开出5 700万美元罚单[EB/OL].（2019-01-22）[2024-01-23]. https://tech.ifeng.com/c/7jf8P1mhs5g.
11. 塞勒斯. 宝洁雷富礼：领导力大师[EB/OL].（2009-06-11）[2024-06-11].

https://www.fortune-china.com/first/c/2009-06/11/content_20135.htm.

12. 埃勒贝克."友岸外包"是什么意思？[EB/OL].（2023-02-12）[2024-06-12]. https://cn.we-forum.org/agenda/2023/02/friendshoring-buzzwords/.

13. 齐琦.安踏：数智驱动决策的企业数字化生命力[EB/OL].（2024-01-15） [2024-06-12].https://mp.weixin.qq.com/s/_KBmwRv5ttGknDuLkTDtLw.

14. 曹德旺：如何和同行交往[EB/OL].（2007-11-29）[2024-06-24]. https://m.glass.com.cn/glassnews/newsinfo_16256.html.

15. 程洋.任正非谈美国制裁和科研,称向苹果公司学习自己也是"果粉"[EB/OL].（2023-09-20）[2024-06-21] https://baijiahao.baidu.com/s?id=1777517629573236623&wfr=spider&for=pc.

16. 罗德里克.贸易的真相[M].卓贤,译.北京：中信出版社,2018.

17. 邓宁君,方凯瑜.数字化转型赋能制造业高质量发展的探究[J].科技和产业,2024.

18. 丁继华.从小米印度"逃税"事件看中企全球化的九大合规灰犀牛[EB/OL].（2022-01-07）[2024-06-12].https://new.qq.com/rain/a/20220107A03RM600.

19. 董静怡.麦肯锡王玮：AI、出海推动数字化深化,系统性思维不足成中企短板[EB/OL].（2024-08-08）[2024-09-01].麦肯锡（微信公众号）.

20. 斗斗.2024年,中国企业出海五大趋势[EB/OL].（2024-08-06）[2024-09-01]. https://baijiahao.baidu.com/s?id=1806635522683221501&wfr=spider&for=pc.

21. 杜雨轩,胡左浩.数字化驱动加速国际化之道：以SHEIN为例[J].清华管理评论,2024.

22. 杜知航,关聪,屈运栩."TikTok倒计时"[J].财新周刊,2024.

23. 樊飞,董锋磊.一次中东"出海"打了四个"出圈"板样[N].滨州日报,2024-04-10.

24. 范保群,郑世林,黄晴.中国制造业外迁：现状和启示[J].浙江工商大学学报,2022.

25. 范黎波,施屹舟.理性看待和正确应对"逆全球化"现象.[EB/OL].（2017-04-02）[2024-06-12].http://theory.people.com.cn/n1/2017/0402/c40531-29186138.html.

26. 方彬楠,陆珊珊.跨国工厂外迁无碍中国制造业进阶[N].北京商报,2023-03-28.

27. 方佳伟. 芯视界 新一站 [N]. 合肥晚报，2023-06-27.

28. 冯迪凡，程程. "希音们"出海迅猛 欧洲打起了小算盘 [EB/OL].（2024-03-21）[2024-06-21]. https://www.yicai.com/epaper/pc/202403/21/content_36029.html.

29. 高若瀛. 对话中欧王高：不能简单地将中国经验复制到海外市场 [N]. 经济观察报，2024-05-06.

30. 全球首部 AI 全面监管法规即将生效，影响如何？[EB/OL].（2024-05-21）[2024-06-01]. https://baijiahao.baidu.com/s?id=1799631464343328562&wfr=spider&for=pc.

31. 吴冬媛，肖恩. 面对"跨文化"挑战，你也许需要重新审视自己的 CQ 了 [EB/OL].（2023-02-29）[2024-06-21]. https://www.thepaper.cn/newsDetail_forward_21846008.

32. 郭照川. 2024，出海合规进入倒计时 [EB/OL].（2024-02-20）[2024-06-21]. https://baijiahao.baidu.com/s?id=1791309453601329342&wfr=spider&for=pc.

33. 国务院发展研究中心课题组. 未来 15 年国际经济格局变化和中国战略选择 [J]. 管理世界，2018.

34. 分析解读 | 国务院发展研究中心课题组：未来国际经济格局变化和中国战略选择 [EB/OL].（2018-12-20）[2024-06-21]. https://www.sohu.com/a/288568889_369777.

35. 韩俊杰. 视涯科技深耕近眼显示技术 [N]. 人民日报，2024-04-02.

36. 韩向东. 三维视角详细解读企业数字化转型 [EB/OL].（2021-10-19）[2024-06-21].http://cio.zhiding.cn/cio/2021/1019/3136863.shtml.

37. 郝勇. 中国企业在国际投资中如何应对与 ESG 有关的争议？[J]. 北大金融评论，2024.

38. 何方竹. 福耀玻璃曹德旺：在海外市场必须学会当配角 [J]. 中国经济周刊，2016.

39. 贺乾明，黄俊杰，邱豪. 苹果花了几百亿美元，iPhone 升级了什么？[EB/OL].（2023-09-13）[2024-06-21].《财经》杂志（微信公众号）.

40. 贺乾明，邱豪. 谁在制造 Vision Pro？[EB/OL].（2024-02-01）[2024-06-01]. 晚点 LatePost（微信公众号）.

41. 侯曼，弓嘉悦，冯海利. 制造业数字化转型驱动新质生产力发展：内在逻辑与实践路径 [J]. 科学与管理，2024.

42. 胡一峰. 美国五大数字化巨头都在反思什么? 用户隐私! [EB/OL].（2019-06-21）[2024-06-01]. 秦朔朋友圈（微信公众号）.

43. 黄渊普, 彭丽娜, 钱一如. 新出海浪潮 [M]. 北京: 机械工业出版社, 2024.

44. 视涯科技获苹果大单, 成为VisionPro OLEDoS显示屏一供 [EB/OL].（2023-12-08）[2024-06-21]. https://www.sohu.com/a/742494080_121118996.

45. 共享单车欧洲受挫, 八成遭破坏被偷后走私 [EB/OL].（2018-03-12）[2024-06-21]. https://www.sohu.com/a/225353547_118680.

46. 李百科. 你的全球化程度如何? [EB/OL].（2008-06-13）[2024-05-21].https://www.fortune-china.com/magazine/c/2008-06/13/content_7753.htm.

47. 刚刚, 福耀玻璃回应"美国子公司被上门搜查"! [EB/OL].（2024-07-28）[2024-09-01]. https://www.163.com/dy/article/J86SATBA055040N3.html.

48. 李丰: 一张图看懂全球化 or 逆全球化 [EB/OL].（2020-04-16）[2024-05-21]. https://www.shangyexinzhi.com/article/1701279.html.

49. 李嘉茵. 中国企业出海观察: 运动品牌安踏如何实现海外市场"无痛扩大" [EB/OL].（2024-08-21）[2024-09-01].https://mp.weixin.qq.com/s/d3xKUVvqe9DPebF8aY9EhQ.

50. 李昆昆, 李正豪. TikTok 何去何从? [N]. 中国经营报, 2024-03-29.

51. 李倩, 李超凡, 龚诗阳, 等. 多元文化经历对领导者能力及发展的影响 [J]. 心理科学进展, 2022.

52. 中国汽车出海警示 |《财经》特别报道 [EB/OL].（2024-07-03）[2024-07-04]. https://weibo.com/ttarticle/p/show?id=2309405052118024454457.

53. 李辛. ESG 理念发展现状及发展建议 [EB/OL].（2023-10-19）[2024-05-21]. https://www.iii.tsinghua.edu.cn/info/1131/3609.htm.

54. 李英羽. 华为三十年: 从中国出发的全球化 [M]. 北京: 中国人民大学出版社, 2023.

55. 李正图, 朱秋. 数字经济全球化: 历史必然性、显著特征及战略选择 [J]. 兰州大学学报（社会科学版）, 2024.

56. 三一重工董事长梁稳根: 让"中国制造"书写世界传奇 [EB/OL].（2017-02-06）[2024-06-01]. https://www.sanygroup.com/news/2273.html.

57. 刘良伟. 欧盟加征关税! 我国电动车企如何应对? [EB/OL].（2024-06-14）[2024-06-30].https://mp.weixin.qq.com/s?__biz=MzAxMjU1ODAxOQ==&mi

d=2651053367&idx=2&sn=1f419ca79afa4a6a267743d32b623341.

58. 刘兴华. 数字全球化与全球化的韧性重塑 [J]. 探索与争鸣，2024.

59. 刘娅，梁明，徐斯，等. 中国制造业外迁现状与应对策略——基于产业链供应链关联性的分析 [J]. 国际贸易，2023.

60. 刘叶琳. 中国制造业"花式出海"忙 [EB/OL].（2024-06-17）[2024-06-30]. https://baijiahao.baidu.com/s?id=1802070489995588604&wfr=spider&for=pc.

61. 卢进勇，陈虹曦，王粉粉. 在华外资企业外迁的动因、影响及应对策略 [J]. 国际贸易，2024.

62. 罗东. 海底捞"出国" [J].21 世纪商业评论，2013.

63. 吕嘉怡，李嘉雯，孙静茹. 佛山品牌扬帆出海势头正劲 [N]. 佛山日报，2024-07-03.

64. 宁芳儒. 跨境电商亚马逊是如何运营的：从零做到年销千万实操手册 [M]. 北京：人民邮电出版社，2022.

65. 牛津大学赛德商学院. "找到那条可持续增长的曲线"：可口可乐前 CEO 牛津大学发表演讲 [EB/OL].（2019-11-22）[2024-06-01].https://baijiahao.baidu.com/s?id=1650856757679413079.

66. 钮键军. 可口可乐的征服世界之路 [EB/OL].（2012-11-24）[2024-06-01]. https://finance.sina.com.cn/360desktop/stock/t/20121124/022813783952.shtml.

67. 齐琦. 安踏：数智驱动决策的企业数字化生命力 [EB/OL].（2024-01-15）[2024-06-01]. https://mp.weixin.qq.com/s/_KBmwRv5ttGknDuLkTDtLw.

68. 秦晨. 征战全球 [J]. 福布斯（中文版），2015.

69. 秦朔. 下一个"中国"，怎样才能还在中国？[EB/OL].（2024-05-20）[2024-06-01]. 秦朔朋友圈（微信公众号）.

70. 文和. 理解 TikTok 遭遇的三个逻辑 [EB/OL].（2024-04-22）[2024-06-01]. https://new.qq.com/rain/a/20240422A000N200.

71. 任俊锰. "吸管大王"有新头衔 [N]. 解放日报，2023-12-27.

72. 任征兵. 海底捞美国人能否阻止它？[J]. 中国连锁，2013.

73. 数据分析小兵. 企业数字化转型——联想数字化转型及新 IT 白皮书 [EB/OL].（2024-05-07）[2024-06-24].https://mp.weixin.qq.com/s/lKm1Hfss_HG8-pJXs48D7g.

74. 宋琪，吴可仲. 先发优势不再 西门子歌美飒退出中国陆上风机市场 [N]. 中国经营报，2024-05-06.
75. 苏洁. 企业"出海"要做足功课 [N]. 中国银行保险报，2024-06-18.
76. 孙鹏飞. 我国制造业数字化转型的政策研究 [J]. 高科技与产业化，2024.
77. 孙榕. 掌舵欧洲央行 拉加德的下一站 [EB/OL].（2019-09-11）[2024-06-24]. https://www.finan-cialnews.com.cn/zgjrj/201909/t20190911_167815.html.
78. 联名奢侈品牌 MONSE 背后：SHEIN 如何打造"出海新质生产力"？[EB/OL].（2024-08-17）[2024-09-01]. https://mp.weixin.qq.com/s?__biz=MzI2NDA1ODExOA==&mid=2652340103&idx=1&sn=d0cf13dc75a34934820981f9d3e0c28a&chksm=f035028d20480b1303742cba4068718586ee38355597ff46e2cfd4113dd83e665b85147aa4d5&scene=27.
79. 万广华，朱美华. "逆全球化"：特征、起因与前瞻 [J]. 学术月刊，2020.
80. 汪毅霖. "逆全球化"的历史与逻辑 [J]. 读书，2020.
81. 王峰. 企业出海：跨境合规体系虽然重要，但不是"万能"的 [EB/OL].（2024-06-14）[2024-07-01]. https://www.sohu.com/a/785986400_121123759.
82. 吴美娜，王辉耀：全球化逆流而上正蜕变 [J]. 环球，2024.
83. 王爽. 哪有常开不败的花呢？[J]. 中外管理，2020.
84. 王志乐，郭凌晨. 中兴事件——比罚单更沉重的反思：合规管理新挑战 [EB/OL].（2018-04-18）[2024-06-01]. https://www.jiemian.com/article/2066484.html.
85. 温婷. 苹果 CEO 库克盛赞中国供应链 三大"果链"龙头展示最新成果 [N]. 上海证券报，2024-03-21.
86. 网易游戏出海答卷：全力提速全球化战略 [EB/OL].（2022-09-02）[2024-05-01]. http://baijiahao.baidu.com/s?id=1742784989059277258wfr=spider&for=pc.
87. 吴清. 传音手机：一年一亿部称雄非洲的背后 [EB/OL].（2022-01-10）[2024-06-01]. https://baijiahao.baidu.com/s?id=1721319942505081210&wfr=spider&for=pc.
88. 可口可乐 CEO 穆泰康：创新引领变革 [EB/OL].（2014-10-21）[2024-06-01]. https://news.21food.cn/hotnews/detail_1470.html.
89. 九号公司品牌出海之路：年入 91 亿，不靠流量红利 [EB/OL].（2022-12-14）[2024-06-01]. 品牌方舟 BrandArk（微信公众号）.
90. 联想集团副总裁 & 联想中国首席数字转型官李时：新 IT，用科技赋能企

业数字化 |WISE 2021 中国数字化创新高峰论坛 [EB/OL].（2021-12-14）[2024-05-01]. https://mp.weixin.qq.com/s/Bw3tglMUaopHLAAptTrdDQ.

91. 摩拜单车面临德国数据保护监管机构的调查 [EB/OL].（2018-12-11）[2024-05-01]. https://cn.technode.com/post/2018-12-11/mobike-gdpr-berlin/.

92. 摩拜面临德国监管机构调查，或因违反欧盟数据保护法 [EB/OL].（2018-12-11）[2024-05-01]. https://weibo.com/ttarticle/p/show?id=2309351000894316109812724427.

93. 石头科技"生而全球化" [EB/OL].（2024-05-06）[2024-05-08]. https://baijiahao.baidu.com/s?id=1797999930415116324&wfr=spider&for=pc.

94. 外媒称摩拜单车准备剥离欧洲分支 新一轮"海外大撤离"将至？[EB/OL].（2018-12-12）[2024-05-01].https://www.sohu.com/a/281334858_393779.

95. 引领人工智能变革，杨元庆重磅宣布联想集团未来十年新使命 [EB/OL].（2024-04-01）[2024-05-01].https://mp.weixin.qq.com/s/BAtQKnz6cHhVNilP3H0eYg.

96. 布局新零售 安踏的未来竞争力在这间 400 平米的智慧门店里 [EB/OL].（2018-11-09）[2024-05-01].https://baijiahao.baidu.com/s?id=1616633109451101342&wfr=spider&for=pc.

97. 重磅！亚马逊与 TikTok 正式联手 [EB/OL].（2024-08-09）[2024-08-29]. https://mp.weixin.qq.com/s?__biz=MjM5ODcxMjg4Ng==&mid=2657378551&idx=1&sn=219d9bd91e2081d97c80ee4f1c34874f&chksm=bc662e2f6a170ecde12a50baa29d17d3e0fb454b80ab9fa604285c11617287935242ef138dcb&scene=27.

98. 吴岱妮，罗伊曼. 你有多国际化？[EB/OL].（2011-04-12）[2024-05-01].https://www.fortune-china.com/coverstory/c/2011-04/12/content_53589.htm.

99. 吴鸿键. 数字化转型新样板：安踏跑出方法论 [EB/OL].（2021-09-07）[2024-05-01].https://mp.weixin.qq.com/s/0lKaMiTqVWgl4CqcAoY2uw.

100. 吴晓波：企业出海的最佳时间窗口只有 5—10 年 [EB/OL].（2024-06-24）[2024-07-01]. https://finance.sina.com.cn/cj/2024-06-24/doc-inazuxrm0854914.shtml.

101. 汽车狂人李书福：请给我一次失败的机会 [EB/OL].（2011-12-06）[2024-06-26]. https://jingji.cntv.cn/special/sklxlsf/20111206/124353.shtml.

102. 肖勇波，李扬，祁宏升，等. 消费电子产业链外迁：态势及应对策略 [J]. 清华管理评论，2024.

103. 徐佩玉. 熟悉的中国餐饮品牌把店开到了海外 [EB/OL]. （2024-06-11）[2024-06-12]. https://baijiahao.baidu.com/s?id=1801515722823157354&wfr=spider&for=pc.

104. 许心怡, 吴可仲. 游戏公司业绩"喜忧参半" 腾讯网易依旧领跑 [EB/OL]. （2022-04-02）[2024-06-25]. https://baijiahao.baidu.com/s?id=1728949353226695102&wfr=spider&for=pc.

105. 杨舒. 克里斯蒂娜·拉加德：金融界的香奈儿 [N]. 国际商报, 2016-02-02.

106. 易佳颖, 刘禹希. 新茶饮出海韩国样本：品牌是冰山一角 供应链是关键 [N]. 21世纪经济报道, 2024-07-10.

107. 易禹开, 薛强. 中国游戏产业海外发行运营策略调研报告 [D]. 广西大学, 2022.

108. 尤众元. 九方金融研究所：逆全球化叠加产业转移，中国企业出海新趋势 [EB/OL]. （2024-07-04）[2024-07-06]. https://baijiahao.baidu.com/s?id=1803631094246446284&wfr=spider&for=pc.

109. 余物非, 徐菁菁. "要么剥离、要么封禁"：美国围剿下，TikTok 的生死困境 [EB/OL]. （2024-04-24）[2024-05-01]. https://www.lifeweek.com.cn/h5/article/detail.do?artId=225148.

110. 元气资本消费组. 多品牌联动下的 DTC 数字化转型：安踏如何跑通国际化？[EB/OL]. （2022-02-08）[2024-05-01]. https://mp.weixin.qq.com/s/myWeQxbPZ71_SsMovq-OOCQ.

111. 张军华. 企业安全出海：用文化和制度打造合规安全网 [M]. 北京：电子工业出版社，2022.

112. 张楠, 李喆飞. "魔性"蜜雪冰城出海启示 [J]. 企业管理, 2023.

113. 张锐. 曹德旺：特立独行的"玻璃大王" [J]. 对外经贸实务, 2015.

114. 张瑞敏最新演讲：新时代海尔企业文化及价值观念 .[EB/OL]. （2016-12-27）[2024-06-26]. https://www.sohu.com/a/122759494_567016.

115. 张赛男. "果链三巨头"业绩分野 [N]. 21世纪经济报道, 2024-05-08.

116. 张英英, 李霞：让中国太阳能照亮非洲 [N]. 中国经营报, 2024-06-24.

117. 赵东山. 歌尔的果链代价：苹果一则通知损失 20 亿 [J]. 中国企业家, 2023.

118. 郑可书, 刘以秦. 去深圳做跨境电商，赚不到快钱了 [EB/OL]. （2023-10-19）

[2024-05-01].https://mp.weixin.qq.com/s/CnUANLeChuRZ_BRpt3JRiQ.

119. 郑可书，刘以秦 . 永不疲倦的 SHEIN 村，只在中国 [EB/OL].（2024-05-28）[2024-06-01].https://mp.weixin.qq.com/s/cxcq_zE9Nqojgws3H8lG1Q.

120. 郑栩彤，刘晓洁，周颖 . 欧盟《人工智能法案》生效在即，出海企业需关注这三点 [EB/OL].（2024-07-25）[2024-07-26]. https://www.yicai.com/news/102206171.html.

121. 中国银行研究院全球经济金融研究课题组 . 当前逆全球化形势及全球产业链调整趋势 [EB/OL].（2020-07-07）[2024-05-01]. http://chinawto.mofcom.gov.cn/article/br/bs/202007/20200702980742.shtml.

122. 周嘉昕 . "逆全球化"挡不住经济全球化的历史大势 [EB/OL].（2023-07-28）[2024-05-01]. http://theory.people.com.cn/n1/2023/0728/c40531-40045421.html.

123. 周嘉昕 . "全球化""反全球化""逆全球化"概念再考察 [J]. 南京社会科学，2024.

124. 周劼人 . 李书福：从艰难圆梦到买下沃尔沃 [EB/OL].（2013-11-22）[2024-06-01].www.jjckb.cn/2013-11/22/content_477968.htm.

125. 周利国，李志兰 . 我国中小企业国际化道路的模式选择 [J]. 经济与管理评论，2006.

126. 纵雨果 . 亚马逊跨境电商运营从入门到精通（畅销版）：如何做一名合格的亚马逊卖家 [M]. 北京：电子工业出版社，2020.

127. 邹碧颖，张舸 . 出口突围 [J]. 财经，2024.

附录　企业出海战略能力对标工具箱

一、确定目标国家或地区

二、全球化或国际化目的

目标	我们通过出海要实现的目的： • 资源获取 • 市场开拓	我们的对策或者行动：

三、预期的出海方式

轻模式（无投资/股权介入）		重模式（有投资/股权介入）		
进出口贸易	技术转让、合作或者授权	合资	收购兼并	全资

四、预期的出海时机

出海状态	天生	后天
时机选择	先行	跟随

五、你对目标国家或者地区外部环境的熟悉程度

☐ 不熟悉　　　　　　☐ 比较熟悉　　　　　　☐ 非常熟悉

相关的制度环境	法律： 政府有关贸易和投资的政策： 行业（产品）标准或者规定： 其他相关的规定：	我们的对策或者行动：
市场和客户特点	需求特点： 渠道特点： 促销、广告、营销的特点： 售后服务的特点： 人文因素（如宗教、消费文化）：	
社会文化环境	对人的态度： 人与自然的关系： 人与人之间的关系： 商业组织的形象：	我们的对策或者行动：
竞争环境	谁是最强有力的竞争对手： 竞争对手的目标、战略和特点： 其他影响竞争的因素：	我们的对策或者行动：
环境因素	环保的要求 能源的要求	我们的对策或者行动：
全球公民意识环境	国际组织的相关要求 （如社会责任 SA80000） 有关国际法规或者区域规则	我们的对策或者行动：

六、公司内部环境对标

宗旨与使命	我们公司的宗旨与使命：_____ 这一宗旨与使命陈述是否与全球化的环境匹配？	我们的对策或者行动：
资源	是否能够跨国转移？ 有形资源： • 技术 • 财务资源 • 物力资源（设备等） • 组织资源（规章制度、管理体系、信息系统等等）	
	无形资源： • 人力资源 • 创新资源 • 商誉/品牌资源	我们的对策或者行动：
能力	基本活动： • 供应（原材料投入） • 研究与发展 • 制造和运营 • 分销 • 市场营销 • 服务 伺服活动： • 基础管理 • 技术管理 • 人力资源 • 信息管理 • 组织控制与协调	我们的对策或者行动：
其他要点：		